LÖSUNGSHEFT + LEHRERHANDBUCH

ALLÔ AFFAIRES

D1668637

Handelsfranzösisch
lesen – hören – schreiben – sprechen

Verfasser
Renate Wolf
Marie-Rose Deschamps

FELDHAUS

Die Deutsche Bibliothek - CIP-Einheitsaufnahme

Allô affaires [Medienkombination] : Handelsfranzösisch lesen - hören - schreiben - sprechen
Wolf/Deschamps. - Hamburg : Feldhaus
  ISBN 3-88264-270-X

Lösungsh. und Lehrerhandb. - 2001
  ISBN 3-88264-293-9

ISBN 3 88264 **293** 9

Satz: FELDHAUS VERLAG, Hamburg
Umschlaggestaltung: Albert Morell, Joachim Reinhardt
Druck und Verarbeitung: WERTDRUCK, Hamburg
Gedruckt auf chlorfrei gebleichtem Papier

Vorwort

In einer Zeit, in der Mitteilungen vermehrt per Fax oder e-mail übermittelt werden, gewinnt die Beherrschung der Schriftsprache erneut an Bedeutung. Handelskorrespondenz unterliegt den Gesetzmäßigkeiten des Verlaufs einer Transaktion, der Geschäftsbrief ersetzt einen Teil der interaktiven Kommunikation, die normalerweise bei einem Verkaufsgespräch und einem anschließenden Vertragsabschluss stattfindet.

Inhalte bzw. Absichtserklärungen werden durch Texte transportiert. Sie werden auf der einen Seite formuliert und auf der anderen interpretiert. Geschäftsleute verbringen einen großen Teil ihrer Zeit mit der Selektion von Informationen, die sie aus Geschäftsbriefen beziehen.

Um die Lernenden in die Lage zu versetzen, sich adäquat zu verhalten und entsprechend zu formulieren, gehen wir mit der Textsorte Geschäftsbrief so um, wie sie im Geschäftsleben behandelt wird: Am Anfang steht das sinnentnehmende Lesen.

Lerner müssen zunächst einmal in die Lage versetzt werden, Lesestrategien zu entwickeln, Inhalte zu verstehen bzw. betriebswirtschaftliche Zusammenhänge herzustellen und bewerten zu können. Sie müssen entscheidende Satzverläufe (Negativverläufe, Einschränkungen, versteckte Hinweise oder Ermahnungen) erkennen und richtig deuten.

Aus diesem Grunde enthält das Buch »Allô Affaires« nicht nur zahlreiche Musterbriefe, zu denen Fragen von betriebswirtschaftlicher Relevanz gestellt werden, sondern auch Leseübungen, die dazu zwingen, genau hinzuschauen. Das Überlesen einer entscheidenden Textstelle kann im Verlauf eines Geschäfts fatale Folgen haben. Um den betriebswirtschaftlichen Anteil zu verstärken, befinden sich im zweiten Kapitel Tests, die sowohl auf die Sprachkenntnisse als auch auf die betriebswirtschaftlichen Fachkenntnisse zielen. Auf diese Weise können Sprach- und Fachkenntnisse miteinander verknüpft und handlungsorientiert erworben werden.

Der Phase des Decodierens folgt die des Encodierens. Nachdem sich die Lerner eine Reihe von Ausdrucksvarianten »angelesen« und nicht – wie früher üblich – Phrasen auswendig gelernt haben, werden sie langsam an die eigene Textproduktion herangeführt. Alle Übungen zu Grammatik und Lexik, die der eigenen Textproduktion vorangehen, sind den einzelnen Kapiteln – sprich: Stadien des Geschäftsfalles – angepasst. Sie können deshalb in die Textproduktion einfließen.

Da die Lerner darüber hinaus in die Lage versetzt werden sollen, Äußerungen am Telefon zu verstehen bzw. sich selbst situationsgerecht zu äußern, enthält »Allô Affaires« eine Reihe von Telefongesprächen, die sich in den meisten Fällen auf bereits gelesene Geschäftsbriefe beziehen. Grundsätzlich können die Gespräche ohne weitere Vorentlastung gehört werden. Auch die sich daran anschließenden Vorgaben zu Dialogen am Telefon sollen den durch die Lektüre der Modellbriefe erworbenen Wortschatz aktivieren.

Die landeskundlichen Texte am Ende jedes Kapitels sind thematisch den Geschäftsvorfällen angepasst und sollen dem besseren Verständnis der Unternehmensrealität dienen.

Inhaltsverzeichnis

Kapitel 7 – Réponse à une réclamation

Kapitel 9 – Emploi

Die praktische Arbeit mit »Allô Affaires«

Ein einheitliches Deckblatt leitet alle Kapitel ein und hebt das jeweilige Stadium einer Anbahnung und Abwicklung des Geschäftsfalles hervor. Da die Schüler meistens über einen kaufmännischen Grundwortschatz in der deutschen oder englischen Sprache verfügen, bietet es sich an, die einzelnen Stadien gedanklich durchzuspielen und mit dem entsprechenden französischen Fachvokabular anzureichern. Schüler sollten, bevor sie sich mit der Korrespondenz befassen, die wichtigsten Ausdrücke wie Mengenangaben, Liefer- und Zahlungsbedingungen, Verpackungsarten (Kisten, Flaschen, Dosen) kennen lernen, um später die Fragen zum Kontext, die in den Clips zu den Modellbriefen gestellt werden, sachlich korrekt beantworten und damit ihr betriebswirtschaftliches Wissen einbringen können. Nur so kann die Verknüpfung von Fremdsprache und Fachkompetenz stattfinden. Um dieser Forderung Nachdruck zu verleihen, enthält das zweite Kapitel kleine Tests, in denen es sowohl darum geht, Sprachkompetenz als auch Fachkompetenz zu prüfen.

Als nächster Schritt empfiehlt es sich, die Modellbriefe stumm lesend erschließen zulassen. Ein Brief kann zunächst kursorisch gelesen werden. Diese Phase dient dazu, Globalverstehen zu trainieren, kann aber gleichzeitig auch dazu veranlassen, unbekannte Vokabeln aufzulisten und zu klären – zunächst möglichst einsprachig.

Wir haben bewusst auf eine chronologisch aufgebaute Vokabelliste verzichtet, weil die Lerner gezwungen werden sollen, eine eigene Vokabelkartei anzulegen. Bitten Sie also Ihre Schüler, ihnen fremde Ausdrücke auf Kärtchen zu schreiben und sich auf diese Weise eine individuelle Lernkartei anzulegen.

In einer weiteren Phase wird der Modellbrief intensiv – bei Bedarf laut – gelesen. Nun werden die Fragen in den Clips bearbeitet. Um die Schüler an diese Art des Arbeitens mit Briefen zu gewöhnen und dafür zu sensibilisieren, sollte dies zunächst immer im Klassenverband geschehen.

Zur Unterstützung des Leseverstehens dienen einerseits die »Pyramiden«, die mit großer Geschwindigkeit laut gelesen werden sollen (auch mehrmals nacheinander), die »Mot témoin«-Übungen, für deren Bewältigung eine Zeitvorgabe von ca. 60 Sekunden gegeben werden sollte, oder die »Soupe aux lettres«, die sich großer Beliebtheit erfreut und gleichzeitig die Wortschatzarbeit zum jeweiligen Kapitel unterstützt.

Danach sollte unbedingt eine Übersetzung angefertigt werden – schriftlich. Die Erfahrung hat gezeigt, dass manche Details schnell überlesen werden. Ziel muss es aber sein, einen Geschäftsbrief bis ins Detail zu verstehen und übersetzen zu können. Darin liegt eine der Hauptaufgaben der späteren Fremdsprachenkorrespondenten.

Nach und nach werden die Modellbriefe in dieser Form bearbeitet – unterbrochen durch Grammatik- und Wortschatzübungen oder die Arbeit mit den landeskundlichen Texten am Ende eines jeden Kapitels – je nach Leistungsstand.

Den Übergang zur eigenen Textproduktion bilden die Aufgaben »Un peu d'ordre, s. v. p.!« und »Exercices de rédaction A« – im späteren Verlauf »Exercices de rédaction B« oder graphische Vorgaben. Zur Unterstützung dienen die jeweiligen »Essentiels« im

Anschluss an die Modellbriefe, die die dort benutzten Redewendungen ergänzen. An dieser Stelle haben wir bewusst auf die Übersetzung ins Deutsche verzichtet, da wir erreichen möchten, dass die Lerner eigene Redemittelkataloge anlegen, die sie zum Teil den Briefen entnehmen.

Die in diesem Buch enthaltenen Diktate sind ebenfalls den einzelnen Kapiteln angepasst und können unterstützend eingesetzt werden. Die vielfältige Wirksamkeit solcher Diktate liegt auf der Hand.

Je nach Anforderungsprofil können nun die Übersetzungen ins Französische in Angriff genommen werden. Wir haben uns bemüht, Themen aufzugreifen, die in Zusammenhang mit den Geschäftsfällen stehen.

Nachdem die Schüler eine gewisse Sicherheit der Formulierung gewonnen haben, können die Telefongespräche in die Arbeit einbezogen werden. Da die meisten Dialoge sich auf vorher behandelte Geschäftsfälle beziehen, wird es nicht schwer fallen, den Inhalt hörend zu erschließen und anschließend selbst Dialoge nach Vorgaben zu verfassen und zu sprechen. Sobald die Schüler einige Sicherheit in der Produktion und szenischen Darstellung von Dialogen am Telefon gewonnen haben, empfiehlt es sich, einen Telefontrainer einzusetzen, der die nötige Distanz zwischen den Sprechern herstellt, durch die Tonbandaufnahme den nötigen Handlungsdruck erzeugt und objektive Vergleichsmöglichkeiten bietet. Wichtig ist (auch bei den Vorübungen), dass die Sprecher keinen Sichtkontakt haben. Dieser Effekt lässt sich zunächst auch durch eine Stellwand erzeugen.

Die Autorinnen

MODELLANTWORTEN

La Maison du Jouet

1. Le Consulat d'Allemagne l'a donnée.
2. Les produits allemands jouissent d'une bonne réputation à cause de leur qualité et leur finition.
3. Très probablement, car il s'agit d'une maison de tradition avec de bons contacts.

Galeries Janvier

1. Pas vraiment parce qu'ils ont eu un contact au téléphone et le représentant de Hoffmann a rendu visite aux Galeries Janvier. Mais il s'agit de la première lettre.
2. Très probablement, car le représentant l'a certainement promis lors de sa visite.
3. S'il commande les quantités indiquées dans sa demande il est peut-être intéressant.

Schlumberger GmbH

1. Catalogue, fiches techniques et tarifs pour gants »Lessiveur« / acheteurs réguliers / distributeurs d'articles de jardinage / échantillon envoyé (par le futur client) / contact direct Mme Duchamps 87120123.
   Il faudra se référer à ces détails dans la réponse à cette lettre et informer le client si le gant qu'il a envoyé peut être fabriqué.
2. D'abord, la secrétaire de Monsieur Rose demandera qui est la personne responsable chez GAPA S. A. et la standardiste de GAPA essaiera de joindre cette personne.
   Pendant l'entretien, Monsieur Rose mentionnera qu'il a vu l'annonce et demandera l'envoi du catalogue etc.
   Monsieur Rose expliquera ce que Schlumberger GmbH représente sur le marché allemand. Il demandera si GAPA S.A. a reçu l'échantillon d'un gant dont il ne connaît pas le fabricant et voudra savoir si c'est GAPA SA. ou s'il peut fabriquer un gant analogue. Il proposera de contacter Mme Duchamps s'il y a d'autres questions. Il dira qu'il attend l'offre et il espère faire de bonnes affaires avec GAPA.

Singer Kaufhäuser

1. Il s'intéresse aux appareils ménagers mais surtout aux ustensiles bon marché.
2. un tamis, un rouleau à pâte, un couteau, une cuillère en bois, une casserole, un moulin à persil, une passoire, un moule, une balance, un ouvre-boîte, un éplucheur, une râpe, un batteur, un saladier
3. Le futur client dit clairement qu'il retiendra l'offre uniquement si elle lui parvient avant le 30 septempre.
4. Des prospectus, des brochures, des affiches pour informer la clientèle sur la provenance des articles.
5. Oui, parce que l'entreprise possède de grands magasins dans les plus grandes villes d'Allemagne et promet un chiffre d'affaires intéressant.

Les Boutiques du Canada

1. Une annonce parue dans la revue « Vogue » dans laquelle Monteverde présente son dernier modèle.
2. Des produits de luxe.
3. Très probablement car ils sont représentés dans les grands aéroports et les galeries marchandes du pays.
4. Parce que la clientèle visée (à fort pouvoir d'achat) fréquente surtout les aéroports et les galeries marchandes.
5. Il peut contacter M. Kellermann et le représentant d'Air Canada.
6. Monsieur Keller représente l'entreprise en Allemagne et s'occupe des achats réalisés dans ce pays et probablement en Europe.

G & F

Un appel d'offres est public (publié dans les journaux) et doit s'adresser à toutes les entreprises susceptibles de pouvoir soumettre une offre pour l'ensemble ou une partie des articles ou des services demandés.

EXERCICES DE GRAMMAIRE ET DE VOCABULAIRE

1. Donnez un synonyme pour les mots suivants:

1. la liste de prix 2. être en mesure de 3. désirer 4. une forte demande 5. communiquer 6. nous voudrions 7. s'intéresser à 8. dans les plus brefs délais 9. les informations 10. portant sur 11. la marchandise 12. le dépliant 13. la conversation 14. la vente / l'achat 15. demander 16. envoyer 17. la demande

2. Cherchez l'intrus!

1. le devis
2. l'expédition
3. les délais
4. les prix
5. le journal

3. Que signifient ces abréviations?

1. par ordre
2. pièce(s) jointe(s)
3. boîte postale
4. courrier d'entreprise à distribution exceptionnelle
5. société anonyme
6. Banque Nationale de Paris
7. notre référence
8. votre référence
9. carte bleue
10. répondez s'il vous plaît

LES ADJECTIFS POSSESSIFS

4. Complétez

1. Notre représentant a contacté *votre* client.
2. Il m'a communiqué *son* adresse à temps.
3. Veuillez croire en *mes* sentiments les meilleurs.
4. Ils ont envoyé des catalogues à *leurs* correspondants.
5. *Sa* marchandise se vend bien.
6. *Vos* propositions intéressent *nos* clients.
7. Nous ouvrons *notre* magasin à la fin du mois.
8. Elle a répondu à *son* annonce.
9. *Son* affaire marche très bien.
10. Il nous envoie *ses* instructions sous peu.
11. Nous pourrions avoir une idée de *leur* produit.

LES ADJECTIFS QUALIFICATIFS

5. Utilisez la forme correcte et placez l'adjectif à la bonne place!

1. (excellent): Vous devez garantir une *excellente* qualité / une qualité excellente
2. (nouveau): Nous sommes intéressés par votre *nouvel* ordinateur
3. (spécial): Nous exigeons des remises *spéciales*
4. (général): Quelles sont vos conditions *générales* de vente?
5. (vieux): S'agit-il d'un *vieil* appareil?
6. (bref): Quel est votre plus *bref* délai ?
7. (détaillé / exigeant): Nous avons besoin d' informations *détaillées* pour notre clientèle *exigeante*
8. important / dernier): Nous pourrions vous passer des commandes *importantes* dès que nous aurons reçu votre *dernier* tarif.
9. (premier / fort): C'est notre *première* annonce et nous avons déjà une *forte* demande.
10. (étranger / élevé): Les prix de la concurrence *étrangère* sont trop *élevés*.

LES VERBES

6. Mettez la forme correcte du présent

1. prions; 2. mentionnez; 3. obtiens; 4. soumettez; 5. conviennent; 6. pensez-; 7. devons; 8. sommes; 9. jouissent; 10. remercions; 11. proposons; 12. convaincs; 13. garantissez, 14. hésite; 15. peuvent; 16. renseignez; 17. construisez; 18. nous référons; 19. Puis-;

7. Mettez le futur

1. achèterons; 2. travaillera; 3. sera; 4. soumettrez; 5. contacteront; 6. indiquerons; 7. obtiendrons; 8. parviendront; 9. ferez; 10. aurons; 11. faudra; 12. enverrez; 13. convaincra; 14. Pourront-; 15. Serez-; 16. hésiteront; 17. adresserez; 18. pourront;

LE PASSE COMPOSE

8. Formez le passé composé des verbes suivants:

1. j'ai envoyé
2. nous nous sommes intéressé(e)s
3. tu as joint
4. il a vu
5. je me suis référé(e)
6. vous avez ouvert
7. ils sont entrés
8. j'ai lu
9. elles ont expédié
10. nous avons eu
11. j'ai obtenu
12. vous avez offert
13. elle a paru
14. il a convenu
15. nous avons cru

9. Utilisez le passé composé et accordez le participe si nécessaire!

1. Nous vous avons garanti de bons débouchés.
2. Un de nos correspondants nous a informé(e)s.
3. Il nous a fait parvenir un catalogue.
4. Les marchandises qu'ils ont importées nous conviennent.
5. L'annonce a paru dans tous les grands journaux.
6. La qualité de votre échantillon nous a convaincu(e)s.
7. Les produits auxquels vous vous êtes intéressé(e)(s) viennent d'Asie.
8. Nous sommes satisfaits de l'offre que vous avez faite à notre représentant.
9. Il leur a communiqué les informations dont ils ont besoin.
10. Je me réfère à la conversation que j'ai eue avec votre secrétaire.

L'IMPERATIF

10. Donnez les 3 personnes des verbes suivants à l'impératif:

1. demande, demandons, demandez
2. fais, faisons, faites
3. finis, finissons, finissez
4. sois, soyons, soyez
5. écris, écrivons, écrivez
6. appelle, appelons, appelez
7. adresse-toi, adressons- nous, adressez-vous
8. vends, vendons, vendez
9. veux (veuille), voulons, voulez (veuillez)
10. aie, ayons, ayez
11. va, allons, allez

12. envoie, envoyons, envoyez
13. lis, lisons, lisez
14. informe- toi, informons-nous, informez-vous
15. remets, remettons, remettez
Utilisez aussi l'impératif à la forme négative! Ne demande pas …

11. Traduisez!

1. Soumettez nous une offre!
2. Utilise quand même cet appareil!
3. N'espérez pas trop!
4. Indiquez nous vos références!
5. Achetez chez nous!
6. N'attendons pas plus longtemps!

L'IMPARFAIT

12. Mettez à l'imparfait

1. Elle proposait des articles plus intéressants.
2. Ce journal paraissait une fois par mois.
3. Ils utilisaient des machines très modernes.
4. Vous faisiez votre travail plus soigneusement.
5. Ils garantissaient une exécution très soignée.
6. Nous envoyions des échantillons gratuitement.
7. Vous vendiez surtout à l'étranger.
8. Elle convainquait tous ses clients.
9. Nous obtenions de meilleurs résultats avant.
10. Elles nous fournissaient de la bonne marchandise.
11. J'étais en voyage d'affaires.
12. Nous expédiions des prospectus à tous nos clients.
13. Ils comptaient sur des ordres importants.
14. Autrefois, on offrait beaucoup plus d'articles.
15. Nous nous attendions à une forte demande.

LE CONDITIONNEL 1 / LE CONDITIONNEL 2

13. Mettez les formes suivantes au conditionnel 1 et 2

1. nous nous intéresserions / ns. ns. serions intéressé(e)s
2. elle achèterait / elle aurait acheté
3. je prendrais / j'aurais pris
4. vous répondriez / vous auriez répondu
5. il demanderait / il aurait demandé
6. il serait possible / il aurait été possible
7. vous pourriez envoyer / vous auriez pu envoyer
8. je serais d'accord / j'aurais été d'accord

9. vous chercheriez / vous auriez cherché
10. nous aurions / nous aurions eu

14. Ecrivez la forme correcte du verbe au conditionnel 1

1. Nous serions ...
2. Pourriez-vous ...
3. Vous serait-il ...
4. conviendraient ...
5. Garantiriez-vous ...
6. nous nous adresserions ...
7. nous vous passerions ...
8. Nous aimerions ...
9. Il n'hésiterait pas ...
10. Je désirerais ...
11. nous vous commanderions ...
12. vous ne seriez pas ...
13. vous auriez ...
14. vous auriez ...

LES PRONOMS INTERROGATIFS

15. Posez des questions en utilisant des pronoms interrogatifs

1. Comment sont vos prix? Comment vos prix sont-ils?
2. A quel numéro de notre annonce vous référez-vous?
3. A qui envoient-ils des demandes?A qui est-ce qu'ils envoient ...
4. Qu'est-ce qui vous intéressera certainement?
5. Qu'est-ce qu'a décidé votre client?
6. Quand la marchandise doit-elle arriver?Quand est-ce que la marchandise ...
7. De quoi avez-vous besoin? De combien de boîtes de conserve avez-vous ...
8. Où a paru votre annonce? Où est-ce qu'a paru votre annonce?
9. Avec qui avez-vous des contacts? Avec qui est-ce que vous avez des contacts?
10. De quoi est-il convaincu? De quoi est-ce qu'il est convaincu?
11. Combien coûtent ces machines? Combien ces machines coûtent-elles?
12. Qu'est-ce qui s'épuise très rapidement?

16. Traduisez les questions

1. Qui a téléphoné / appelé? 2. Qu'importez-vous de France? 3. Quand puis-je vous joindre? 4. A quoi vous intéressez-vous? 5. A / Avec qui désirez-vous parler? 6. De quoi avez-vous besoin? 7. Avec qui avez-vous parlé? 8. Qui est à l'appareil? 9. Que dois-je encore vous envoyer? 10. Avec qui avez-vous de bons contacts? 11. Avec quelles maisons travaillez-vous? 12. Quand paraît votre dernière liste de prix? 13. A quelle heure puis-je vous rappeler? 14. Pouvons-nous prendre rendez-vous? 15. Quand rentre-t-il?

DES CHIFFRES

17. B) Traduisez :

le double; en triple, en quadruple exemplaire; dans 15 jours; une douzaine; environ 10 personnes; à la page un; le centenaire; la moitié; la paire

17. C) Traduisez!

1. C'est la première fois / la deuxième fois que je vous envoie une demande.
2. Pourriez-vous nous livrer entre le 15 et le 30 de chaque mois?
3. Nous vous avons téléphoné le 1er / le 2 juin. Aujourd'hui, c'est le 10 / 11 et nous n'avons pas encore reçu de réponse.
4. Nous vous achèterions de grosses quantités: nous aurions besoin de 800 (huit cents) / 880 (huit cent quatre vingt) kilos de riz, de 1000 (mille) / 1500 (mille cinq cents) kilos de farine et de 750 (sept cent cinquante) / 770 (sept cent soixante dix) kilos de pommes de terre.
5. Nous avons besoin de marchandise de premier choix / de deuxième choix.
6. Comme nous avons déjà vendu 2 / 3 (deux tiers) / 3 / 4 (trois quarts) de nos articles, nous nous adressons maintenant à vous.
7. Notre bureau est ouvert de 7h30 à 17h15 / de 8h15 à 16h30.
8. Veuillez prendre connaissance de notre nouveau numéro de téléphone. C'est le ...
9. Les numéros de téléphone français ont maintenant tous 10 chiffres.
10. Le 18 octobre 1996 à 23 heures les numéros ont changé.
11. Jusqu'à présent le prix de votre machine était de ...
12. Nous avons besoin de robes dans les tailles 36 à 42 / 46 à 52 (du 36 au 42 ...)
13. L'appareil qui nous intéresse a la référence, numéro 83040. Ses dimensions sont:deux mètres cinquante par un mètre trente / cinq mètres soixante-dix par trois mètres quarante. Il pèse une demie tonne.
14. Le code postal de notre ville, c'est : 88 130
    Notre numéro de téléphone, c'est le 03 29 24 23 06
    Pour vous, l'indicatif c'est le 00 33

Exercice avec l'article défini, indéfini, partitif ...

18. Traduisez!

1. la collection de tissus
2. la réception de l'ordre / des ordres
3. la collection des tissus français
4. un catalogue avec des détails techniques
5. un catalogue avec les détails techniques dont vous avez besoin.
6. des adresses des maisons en France
7. la qualité des articles
8. la qualité de produits anglais
9. nous achetons des marchandises à l'étranger
10. l'envoi des échantillons
11. l'envoi d'échantillons

12. les prix de la concurrence
13. des échantillons de cette qualité
14. la facture de l'envoi / des envois
15. Nous avons un besoin urgent d'articles d'Espagne
16. Nous avons un besoin urgent des produits espagnols.
17. les conditions du vendeur / des vendeurs
18. le résultat des analyses
19. des tissus de qualité à des prix favorables
20. des tissus de qualité aux prix indiqués
21. Les conditions de cette maison ne nous conviennent pas.
22. Ce sont de bons appareils.
23. Ce sont des gants pratiques.
24. Ce sont des clients de l'étranger.
25. Nous avons besoin de machines pour la fabrication de ces produits.
26. Les conditions de cette firme ne nous conviennent pas.
27. La qualité de cet article / des articles / de quelques articles / de tous les articles
28. Nous avons besoin de relations commerciales avec l'Angleterre.
29. l'offre de vins français
30. Il achète les vins français directement en France.
31. Nous aimons les vins français. / Nous n'aimons pas les vins français
32. le montant de la facture numéro 1501 / des factures
33. les ordres des clients
34. Nous avons des clients en France.
35. la demande concernant des appareils allemands / la demande d'appareils allemands
36. La demande concernant les appareils allemands augmente.
37. l'examen de l'échantillon / des échantillons
38. Ils ont acheté des produits en Asie.
39. Ils ont importé les produits d'Asie.
40. Etes-vous fabricant de jouet(s) en bois?

19. Complétez la lettre avec les mots suivants:

Pour la fin de l'année nous avons *l'intention* d'organiser dans nos filiales une semaine de spécialités françaises. Nous nous adressons *aujourd'hui* à vous car nous sommes *particulièrement* intéressés par le choix de vos fromages.
Seriez-vous *à même* de nous *proposer* un *assortiment* de différentes sortes de fromages AOC pasteurisés et au lait cru ?
Notre *clientèle* préfère en général les fromages *plutôt* doux et avec moins de 50 % de matière grasse.
Pourriez-vous nous faire une *offre* pour une quantité de 200 kg environ en nous indiquant vos conditions de paiement et de livraison?
Il nous faudrait *également* des informations sur *l'origine,* le procédé de fabrication et sur la durée *de conservation* car notre *clientèle* est très exigeante.
Pour *décorer* nos magasins nous aurons *besoin* de cartes de la route des Fromages français.
Nous vous serions reconnaissants de nous en faire parvenir ou de nous faire savoir où nous pourrions nous en *procurer*. Nous ne pouvons *retenir* votre offre que si elle nous parvient *avant* la fin de ce mois.
Nous espérons que ce *délai* vous conviendra et que vous nous répondrez *promptement*.
Veuillez agréer, Messieurs, l'expression de nos sentiments les *meilleurs*.

EXERCICES DE REDACTION ET DE TRADUCTION

Un peu d'ordre, s'il vous plaît!

8 – 9 – 5 – 4 – 10 – 3 – 1 – 7 – 6 – 2

Kapitel 1 – EXERCICES DE RÉDACTION – Gestaltungshinweise

Brief B1
vertreiben = distribuer
Haushaltsgeräte = des appareils ménagers (m)
umfangreiche Dokumentation = une documentation détaillée, complète

Brief B2
Werbekampagne verfolgen = observer, suivre une campagne publicitaire
einführen = lancer sur le marché, introduire

Brief B3
Stoffmuster der Stoffe, aus denen ... hergestellt werden = des échantillons (m) des tissus utilisés pour la fabrication de ...
Rabatte = des remises (f) – siehe Kapitel »Offre« (Seite 74)

Brief B4
Abteilung = le rayon
das in der Anzeige beschriebene Produkt = le produit décrit dans l'annonce
Plastikkoffer = un coffre en plastique / une petite valise en plastique
prüfen lassen = faire tester par le client
nötige Unterlagen = la documentation / les documents nécessaire / s

Brief B5
den Anforderungen genügen = (dont les produits sont) conformes aux exigences (des consommateurs)
regelmäßig liefern = livrer régulièrement
monatliche Aufträge = xx commandes par mois, des commandes mensuelles

Brief B6
empfehlen = recommander
Kontakt aufnehmen = entrer en contact avec
erwägen = avoir l'intention de / envisager de faire qc
wechseln = changer de ...

EXERCICES DE TRADUCTION

Traduisez! (1)

Objet: Importation de cidre
Mesdames, Messieurs,
Nous devons votre adresse au Consulat Général et vous prions de nous faire parvenir votre catalogue ainsi que votre liste de prix. Nous sommes distributeurs de denrées alimentaires et approvisionnons des magasins dans toute l'Allemagne. Le mois prochain, nous aimerions présenter des produits provenant de la Bretagne et de la Normandie dans quelques uns de nos rayons alimentation. C'est pourquoi nous aurions aussi besoin de quelques échantillons ainsi que de matériel publicitaire. Veuillez nous faire savoir en plus, si vous fabriquez des bouteilles de 0,5 litre. Nous pensons que celles-ci se vendront mieux en Allemagne.
Si vous en état de satisfaire notre clientèle exigeante en lui offrant de la bonne qualité et des prix avantageux, il ne sera pas difficile de vous passer des ordres portant sur 10 000 bouteilles et plus.
Comme nous avons l'intention de décorer quelques vitines et de faire imprimer des prospectus publicitaires, nous ne pourrons prendre en considération votre offre que si elle nous parvient dans les 15 jours prochains.
Nous souhaitons vivement travailler avec vous et espérons recevoir bientôt de vos nouvelles. Dans cette attente, veuillez agréer, Mesdames, Messieurs, l'expression de nos sentiments distingués.

Traduisez! (2)

Objet: Couverts pour hôtels et grands magasins
Mesdames, Messieurs,
Nous avons lu votre annonce dans votre revue »Gastronomie« du mois de novembre et sommes très intéressés par vos couverts en inox.
Depuis des années nous approvisionnons des grands et petits hôtels ainsi que des grands magasins dans le Sud de la France, et avons une clientèle exigeante. Si la qualité de vos produits nous convainc, nous vous garantirons des ordres d'environ 2.500 couverts par an. Nous préférons la livraison franco domicile.
Pourriez-vous nous faire parvenir un choix d'échantillons pour que nous puissions les faire tester par nos clients? Jusqu'à présent nous avons importé nos couverts du Danemark à des prix très intéressants, mais notre fournisseur n'a pas toujours pu nous garantir une prompte livraison. Qualité et ponctualité sont des facteurs très importants dans cette branche et nous sommes intéressés par une étroite coopération avec notre fournisseur.
Nous aurions immédiatement besoin de 1.500 petites cuillers en inox pour une grande clinique. Veuillez nous soumettre une offre conforme à cette demande jusqu'au 15 ct.
Nous vous remercions à l'avance de l'envoi de votre documentation complète et attendons avec grand intérêt votre réponse. Veuillez agréer, Mesdames, Messieurs, l'expression de nos sentiment distingués.

Traduisez! (3)

Importation d'équipement de camping
Mesdames, Messieurs,
Nous avons lu dans la revue »Equipe« du 20 ct. que vous êtes fabricants et exportateurs d'articles de camping. C'est pourquoi nous vous prions de nous envoyer votre catalogue d'été et votre liste de prix pour la vente en Allemagne et en Italie.
En outre, nous vous prions de nous soumettre une offre spéciale pour la livraison immédiate de coussins en lin (2000 pièces) et de couvertures de laine de 120 sur 180 cm ou de 140 sur 200 cm (2500 pièces). Veuillez nous envoyer les échantillons de tissu correspondants à ces couvertures pour que nous puissions comparer les qualités avec les produits que nous avons importés jusqu'à présent. Il est très important que vous livriez tout de suite parce que nous désirons présenter ces articles avant les vacances. Nous serions prêts à régler par chèque dès réception de la marchandise sous déduction d'un escompte.
Si la qualité de vos produits correspond à nos exigences, nous aimerions nous approvisionner auprès de votre entreprise. Mais il vous faudra nous garantir le respect des délais de livraison. Nous pourrions acheter régulièrement des articles d'équipement, comme (par exemple) des sacs à dos, des tentes, des sacs de couchage, des couvertures et des vêtements en coton.
Nous supposons que vous êtes intéressés d'entrer en relations d'affaires avec nous et espérons donc que vous nous soumettrez une offre favorable afin que ceci soit le début d'une collaboration fructueuse.
Veuillez agréer, Mesdames, Messieurs, nos salutations distinguées

après réception
dès

Kapitel 1 – VERSION

»Nature et découvertes« (Natur und Entdeckungen) und der tropische Wald

Wir bieten Ihnen Schmuck(stücke) aus pflanzlichem Elfenbein, der Frucht einer Palme(nart), die im tropischen Wald Südamerikas wächst und die »Tagua« genannt wird, an.
Die Kerne, die Elfenbein ähneln, haben vom 1900 bis 1940 einen außerordentlichen Erfolg in Europa gehabt. Aus ihnen machte man Knöpfe und Regenschirmgriffe.
Wir haben beschlossen, seinen Verkauf wieder anzukurbeln – mit dem doppelten ökologischen Vorteil, die Elefanten zu retten und Einnahmequellen für die Indianer der tropischen Wälder zu schaffen.
Ebenso werden andere Arten von Bäumen im amazonischen Wald genutzt. Um die Entwaldung zu stoppen, existieren zahlreiche Programme, um den Indianern zu helfen, diesen Wald zu erhalten (schützen) und zu verwalten, um seine Reichtümer (Quellen) für die Arzneimittel, Kosmetikprodukte und die Tischlerarbeit zu nutzen.
Wir unterstützen (helfen) ein Wiederaufforstungsprogramm Amazoniens, das von Pro Natura organisiert wird. Falls Sie mehr darüber wissen möchten, wenden Sie sich an uns!

Holzspielzeug

Südlich des gebirgigen Juramassivs, arbeiten auf den mit Laub- und Nadelbäumen bedeckten Ebenen weiterhin (immer noch) Spielzeugkunsthandwerker.
Sie benutzen noch ihre Holzdrechselbank, um herrliches Spielzeug herzustellen, welches mehrere Generationen von Kindern ausprobiert und geliebt haben.
Ein Taschenmesser und ein Stück Holz! Wie viele Spielzeuge können mit einem Messer hergestellt werden: Kreisel, Jojo, Trillerpfeife ...

Der französische Wald

Frankreich besitzt die größte bewaldete Fläche Europas. Der Wald bedeckt heute 25 % des Landes. Er ist nicht mehr ursprünglich. Der Mensch hat die nützlichsten Arten begünstigt wie z. B. die Eiche und die Kastanie ebenso wie diejenigen, die schnell wachsen wie die Tanne und die Kiefer, weil sie einen guten Nutzen (eine gute Rentabilität) sichern.
Die Sommerbrände in den Mittelmeerregionen, die Krankheiten und die sauren Regen im Osten Frankreichs sind Gefahren, die den Wald bedrohen. Frankreich produziert etwa 30 Mio Kubikmeter Holz pro Jahr.
Alle Aktivitäten auf dem Holzsektor zusammen beschäftigen 650.000 Gehaltsempfänger in 100.000 Unternehmen, aber das Handelsdefizit steigt Jahr für Jahr. Dies ist zum Teil auf die starke ausländische Konkurrenz, aber auch auf die Tatsache, dass das Waldpotential nicht ausreichend gut genutzt wird, zurückzuführen.
Der Waldbesitz ist schlecht verteilt. Der Staat und die Kommunen kontrollieren nur 4 Millionen Hektar. Der Rest ist Privateigentum, das heißt 10 Millionen Hektar, die in den Händen von 1,6 Millionen Eigentümern sind. Das sind oft kleine unproduktive und schlecht geführte Betriebe.

Dictée

Madame, Monsieur,
Nous avons vu vos produits lors de la visite de votre stand au Salon de la Porcelaine à Stuttgart.
Nous sommes à la recherche d'un fabricant qui soit en mesure de nous livrer des chopes avec le logo de notre entreprise. Nous avons l'intention d'en faire cadeau à nos principaux correspondants. Veuillez trouver ci-joint une photo d'un modèle que nous aimerions faire fabriquer.
Nous aurons besoin de 5.000 exemplaires jusqu'au 30 septembre. Sur une deuxième photo vous verrez le logo qui doit être imprimé – de préférence – en bleu et noir.
Veuillez nous soumettre votre offre pour la livraison franco domicile. Sachez que le délai de livraison doit être strictement respecté, sinon nous annulerons notre commande. Par contre, si la première transaction se réalise à notre entière satisfaction, vous pourrez compter sur d'autres commandes importantes.
Nous attendons donc votre proposition accompagnée d'un échantillon la semaine prochaine.
Veuillez agréer, Madame, Monsieur, nos salutations distinguées.

Dictée

Madame, Monsieur,
Nous avons reçu votre adresse d'un de nos correspondants qui nous a recommandé votre entreprise. Nous cherchons un fabricant qui puisse marquer des stylos avec le logo de notre maison. Veuillez trouver ci-joint une photo de ce logo. Nous aimerions qu'il soit imprimé en or* ou en argent** sur nos nouveaux modèles « Cherbourg » et « Deauville ».
Si la qualité de votre travail nous satisfait vous pourrez compter sur des commandes importantes. Seriez-vous en mesure d'imprimer ce logo dans les 2 semaines après l'arrivée de nos stylos dans vos ateliers ? Le délai de livraison est très important pour nous et vous devez nous le garantir.
Veuillez nous soumettre votre offre pour le marquage de 3.000 stylos par mois. Notre transitaire*** viendrait les chercher dans vos entrepôts si vous l'informez deux jours avant.
Si vous désirez des informations complémentaires, n'hésitez pas à contacter Mme König, ligne directe 040 / 8901240. Si vous le désirez, votre représentant pourra nous rendre visite avant la fin du mois.
Nous espérons qu'il vous sera possible de nous soumettre une offre intéressante et vous prions d'agréer, Madame, Monsieur, nos salutations distinguées.
*   Gold
**   Silber
*** Spediteur

Dictée

Madame, Monsieur,
Nous nous référons à l'annonce parue dans la revue « Femme d'aujourd'hui » du mois de juin dans laquelle vous présentez votre dernier modèle « Sorcière au fil ».
Nous sommes les plus grands importateurs d'appareils électriques de la région, implantés dans la ville de Bordeaux depuis 75 ans, et nous achetons surtout des produits allemands car ils jouissent d'une bonne réputation à cause de leur excellente finition.
Nous avons une clientèle de campagne**, très exigeante, et désirons compléter notre gamme de produits par des machines à coudre extrêmement solides.
Pourriez-vous nous envoyer la fiche technique de ce modèle et nous soumettre une offre pour la livraison de 50 machines franco domicile. Seriez-vous prêts à nous livrer un échantillon pour notre exposition permanente*** dans nos vitrines ?
Veuillez nous adresser aussi votre catalogue avec votre liste de prix, et toutes les informations complémentaires, et nous indiquer si vous avez déjà un représentant en France.
Si vos conditions de vente nous conviennent vous pourrez compter sur des commandes importantes.
Nous espérons qu'il vous sera possible de nous soumettre votre offre rapidement, et vous prions d'agréer, Madame, Monsieur, nos salutations distinguées.
Jérome Sababier
Directeur Achats
*   la machine à coudre = Nähmaschine
**   de campagne = ländlich
*** permanent = ständig

MODELLANTWORTEN

Midi-Pêche

1. Il s'agit d'un produit périssable qui doit être transporté par des camions spéciaux avec système de réfrigération..
2. On pourrait emballer le poisson dans des caisses en polystyrène ou de matière équivalente pour le protéger de la chaleur.

Biotop GmbH

1. A moudre du blé p. ex. pour la préparation d'un plat biologique. Il est utilisé surtout dans les maisons diététiques ou dans les ménages.
2. Oui, si le client paie immédiatement il bénéficiera d'un escompte de 3 %.
3. La valeur de € 350,– représente l'achat de 4 à 5 moulins. Les frais de transport seraient trop élevés par rapport à la quantité si le client commandait moins.

Natura GmbH

1. Les jouets éducatifs, résistants à l'usage, à l'usage des enfants en bas âge.
2. On respecte rigoureusement les consignes de la législation allemande pour leur fabrication. Les jouets sont particulièrement robustes.
3. Des précisions sur les couleurs, les tailles des jouets, l'utilisation des jouets, les quantités minimum à commander, les délais de livraison, les conditions de livraison et de paiement, les remises etc.
4. Il faudra parler des quantités prévues, du chiffre d'affaires espéré, de la publicité à faire en France, des conditions de vente en général, des facilités de paiement.
5. Monsieur Spielberg présentera une collection et essaiera de convaincre son futur client de l'excellente qualité des produits et du bon rapport qualité / prix.

Gapa S. A.

1. Des gants de protection, utilisables pour toutes sortes de travail.
2. A décrire le type d'utilisation, par exemple si les gants protègent contre certains acides, la chaleur etc.
3. Pas pour la première transaction mais selon les quantités commandées plus tard, une remise peut être négociée.

Monteverde

1. Galeries Précieuses ont envoyé la lettre il y a un mois. La maison Monteverde s'empresse de répondre et d'expliquer le temps écoulé entre la date d'expédition de la lettre des Galeries Précieuses et le jour de sa réaction. Il est donc très intéressé par le contact.
2. Oui.
3. A cause d'une grève des services postaux.
4. Certainement, car ils donnent toutes les précisions nécessaires.
5. Les ventes qui se réalisent normalement avant Noël commenceront bientôt.

6. Monteverde exporte des stylos de luxe.
7. A partir d'une valeur de € 25.000,– par commande.
8. Monteverde offre un emballage spécial sans supplément. Il produit des stylos de renommée mondiale et garantit une certaine exclusivité et propose son assistance publicitaire.

EXERCICES DE GRAMMAIRE ET DE VOCABULAIRE

1. Trouver les mots qui correspondent aux définitions

1. la remise, 2. le devis, 3. la promotion, 4. l'escompte d'usage, 5. la commande initiale

2. Trouver le substantif (avec l'article) correspondant au verbe

 1: emballer: l'emballage (m)
 2: vendre: la vente
 3: recevoir: la réception
 4: livrer: la livraison
 5: fournir: la fourniture
 6: payer: le paiement
 7: rembourser: le remboursement
 8: espérer: l'espoir (m)
 9: virer: le virement
10: posséder: la possession

3. Faire des phrases avec les mots suivants:

1. Nous avons reçu votre demande d'offre et sommes en état de répondre aux besoins (de vos clients).
2. Notre offre est valable jusqu'à la fin du mois, l'emballage est compris dans le prix. Les frais de transport sont à votre charge.
3. Pour votre commande initiale nous vous accordons une remise à titre exceptionnel.
4. Nous espérons que nos prix vous inciteront à nous passer un ordre.
5. Nous ne pouvons maintenir nos prix que jusqu'à la fin du mois.

LES ADVERBES

4. Formez l'adverbe!

1. Nous exécuterons vos ordres rapidement et soigneusement.
2. Nos produits correspondent exactement à votre demande.
3. Nous veillerons particulièrement à la bonne exécution de votre commande.
4. Prenez contact avec nous, car nous recevons constamment de nouveaux articles!
5. Nous avons rarement la demande de cet article.
6. Malheureusement nous ne pouvons pas satisfaire votre demande.
7. Nous pourrons facilement répondre à vos besoins.
8. Notre maison tient absolument à vous satisfaire.

9. Vous trouverez certainement tous les détails dans notre catalogue.
10. Ces produits sont entièrement fabriqués à la main.

5. Choisissez: adjectif ou adverbe?

1. Nous joignons à cette lettre nos conditions générales de vente.
2. Généralement nous n'exportons pas nos articles.
3. Comme ces articles ne sont pas chers nous n'accordons pas de remise.
4. Les marchandises coûteraient trop cher.
5. Nous respecterons strictement les délais demandés.
6. Cette maison a un réglement très strict.
7. Il s'agit d'un produit tout récent sur le marché européen.
8. Nous avons fait récemment de la publicité pour cet article.
9. Notre marchandise est constamment contrôlée.
10. Nos prix restent constants toute l'année.
11. Ce sont des stylos spécialement conçus pour la vente de Noël.
12. Nous vous offrons ces articles à des prix spéciaux.
13. Nous sommes vraiment honorés de l'intérêt que vous nous accordez.
14. Nos prix sont fermes jusqu'à la fin de l'année.
15. Vous pouvez négocier individuellement toute commande ultérieure.

LE COMPARATIF – LE SUPERLATIF (ADJECTIFS / ADVERBES)

6. Utilisez le comparatif d'infériorité, d'égalité ou de supériorité et accordez!

1. Les prix de la concurrence sont plus élevés que les nôtres.
2. Nos délais sont égaux mais nos prix sont plus bas
3. Notre marchandise est meilleur marché que celle de XY.
4. La vente de ces articles est meilleure qu'avant.
5. Cet article est aussi solide que le précédent.
6. Vous nous avez envoyé votre demande plus tard que d'habitude.
7. La filiale dans votre ville pourra résoudre ce problème aussi vite que nous.
8. Les jouets en bois sont moins demandés qu'avant.
9. Ces articles de bricolage sont plus pratiques que les anciens.
10. Cette machine fonctionne aussi bien que l'autre.

7. Utilisez le superlatif d'infériorité ou de supériorité et accordez

1. Nos prix sont les plus bas.
2. La qualité de nos articles est actuellement la meilleure.
3. C'est la machine la moins attractive de l'année.
4. Nous livrons dans les délais les plus brefs.
5. Cette marque est la plus connue en Europe.
6. Nous essayons de livrer le plus rapidement possible.
7. Ces produits se vendent le mieux.
8. Nous exécuterons votre commande le plus tôt possible.
9. Les pays européens achèteront le plus.
10. Nos conditions de vente sont les plus avantageuses.

LES ADJECTIFS DEMONSTRATIFS ET »TOUT«

9. Complétez!

1. Nous n'avons plus cet article en stock.
2. Tous ces produits vous sont offerts à des prix réduits.
3. Toute la marchandise vient de l'étranger.
4. Cette offre vous conviendra certainement.
5. Cet ordre sera exécuté avec rapidité.
6. Ces mouchoirs sont indispensables à la vie de tous les jours.
7. Dans ce catalogue vous trouverez tous nos modèles.
8. Tous ces articles ont un emballage spécial.
9. Pour toutes les questions adressez-vous à notre filiale.
10. Cette fiche technique est traduite en français.
11. Nous vous accorderons une remise pour ces 500 paires de gants.
12. Tous nos ustensiles de cuisine sont bon marché.
13. Cet appareil sera apprécié par votre clientèle.
14. Ce fromage est un des plus vendus en Europe.
15. Cette région est très connue pour la fabrication de couteaux.
16. Vous pouvez garder cet exemplaire.
17. Ce spécimen est gratuit.
18. Nos clients apprécient ces panneaux d'informations.
19. Cette année, nous avons déjà tout vendu.
20. Nous proposons donc à tous nos clients ce nouveau modèle.

LES PRONOMS PERSONNELS

10. Remplacez les objets directs / et / ou indirects

1. Ils **l'**envoient à la fin de la semaine. 2. Vous pouvez **les** recevoir en allemand. 3. Nous **la leur** avons soumise. 4. Vous **l'y** trouverez. 5. Vous **les leur** avez envoyés? 6. Nous devons **les lui** compter. 7. Ils voudraient **la** recevoir le plus tôt possible. 8. Nous **le lui** disons. 9. Nous **les** avons fabriqués seulement pour l'exportation. 10. Nous **les** avons informés. / Nous **l'**avons informée. 11. Ils nous **l'**ont recommandée. 12. Ils préfèrent **les** acheter. 13. Nous **les en** faisons venir. 14. Nous **le leur** proposons. 15. Ils **la leur** ont adressée.

11. Mettez les phrases de l'exercice 10. (avec les pronoms) à la forme négative

1. Ils ne l'envoient pas. 2. Vous ne pouvez pas les recevoir en allemand. 3. Nous ne la leur avons pas soumise. 4. Vous ne l'y trouverez pas. 5. Ne les leur avez-vous pas envoyés? 6. Nous ne devons pas les lui compter. 7. Ils ne voudraient pas la recevoir. 8. Nous ne le lui disons pas. 9. Nous ne les avons pas fabriqués seulement pour l'exportation. 10. Nous ne les avons pas informés. / Nous ne l'avons pas informée. 11. Ils ne nous l'ont pas recommandée. 12. Ils ne préfèrent pas les acheter. 13. Nous ne les faisons pas venir d'Inde. 14. Nous ne leur proposons pas de nous réunir régulièrement. 15. Ils ne la leur ont pas adressée.

12. Utilisez aussi les pronoms adverbiaux »en« et »y« !

1. Ils en ont besoin.
2. Nous en appliquons un nouveau.
3. Nous vous en remercions.
4. J'en ai offert à mes clients.
5. Nous y vendons surtout ce matériel.
6. Nous lui en avons toujours accordé.
7. Nous pouvons en fixer une.
8. Ils les y ont offerts.
9. Nous l'y avons emballée.
10. Nous désirons en présenter.

LES PRONOMS RELATIFS

13. Mettez le pronom relatif qui convient !

1. Ce vin qui est d'une excellente qualité vous conviendra certainement..
2. Nous nous référons à l'entretien que nous avons eu avec votre secrétaire.
3. Ces gants dont la qualité est très solide, répondront à vos exigences.
4. Le bois que nous utilisons est seulement traité à l'huile de lin.
5. Les maisons avec lesquelles nous collaborons sont toutes en Europe.
6. Les clients pour lesquels nos moulins sont prévus sont très exigeants.
7. Vous trouverez ce qui vous intéresse dans notre dernier catalogue.
8. Nous livrons la marchandise que vous voulez sans frais supplémentaires.
9. Nous possédons tout ce dont vous pourriez avoir besoin.
10. Les données auxquelles vous vous référez dans votre demande ne sont plus actuelles.
11. Vous désirez sans doute savoir ce que nous vendons à l'étranger.
12. Nous n'avons plus les articles que vous avez mentionnés dans votre appel d'offre.
13. Nous pouvons vous livrer tout ce que vous désirez dans les 8 jours.
14. Nous sommes à votre disposition pour les renseignements que vous souhaiteriez.
15. Nous ne fabriquons plus les jouets dont vous auriez besoin.

LES PREPOSITIONS

14. Mettez la préposition qui convient

1. Nous sommes **à votre** entière disposition pour vous donner des renseignements **sur** nos produits.
2. **En** ce moment, nous pouvons vous proposer ces machines **à** des prix intéressants.
3. Nous sommes prêts **à** vous accorder une remise **sur** la quantité.
4. Nous serions heureux **de** travailler **avec** vous.
5. Nous joignons **à** cette lettre le catalogue valable **jusqu'au** 1er décembre.
6. Le paiement devra se faire **au** comptant.
7. Nous sommes **en** mesure **de** vous livrer immédiatement.
8. Nous sommes **à** même **de** livrer immédiatement.
9. Vous pouvez payer **par** virement.

10. Nous vous remercions **de** votre appel d'offre **du** 15oct.
11. Un délai de livraison **de** 4 semaines **à** 6 semaines est nécessaire.
12. La livraison sera effectuée **dans** un délai **de** 3 mois.
13. **Pour** leur première commande, nos clients bénéficient **d'**une remise **de** 5 % **sur** le montant de la facture.
14. Le paiement s'effectue **dans** les 30 jours **dès** réception **de** la marchandise.
15. Nous sommes spécialisés **dans** la fabrication d'outillage.
16. Nous vous envoyons **par** le même courrier / **par** colis postal nos brochures **en** français.
17. Nous attirons votre attention **sur** la qualité très robuste **de** nos appareils **en** plastique.
18. Nous nous empressons **de** répondre **à la** demande.
19. Les frais **de** transport sont **à** notre charge, **à** titre exceptionnel.
20. Nous accordons une remise **sur** des commandes dépassant – 10 000 F.
21. Tous nos vêtements **en** laine et **en** soie sont vendus **à** des prix très compétitifs.
22. Nous vous informerons régulièrement **sur** nos nouveautés.
23. Dans l'espoir **d'**être favorisés **par** vos ordres, ...
24. Espérant que nos prix vous inciteront **à** nous passer une commande ...
25. La livraison pourra se faire **dans** les 8 jours / **à** la fin **du** mois / **dans** une semaine.
26. Nous vous adressons **en** annexe / **par** ce pli des prospectus **sur** nos articles.
27. Le paiement devra s'effectuer **par** chèque bancaire, **à** la réception **de** la facture.
28. En réponse **à** votre demande / Suite **à** votre demande ...
29. Le transport se fait **par** le train / **par** chemin **de** fer port payé.
30. Le prix est **de** 150 F **par** article.
31. Vous pouvez vous adresser directement **à** notre filiale **à** Lyon / **en** France / **au** Canada.
32. Il s'agissait dans votre lettre **d'**une demande **de** gants **en** caoutchouc.

PHRASES HYPOTHETIQUES

15. Employez les 3 possibilités d'exprimer ces phrases

1. vous vous intéressez / nous vous enverrons; vous vous intéressiez / nous vous enverrions, vous vous étiez intéréssé(s) / nous vous aurions envoyé.
2. vous désirez / vous pourrez; vous désiriez / vous pourriez; vous aviez désiré / vous auriez pu.
3. nous vous faisons / vous voulez; nous vous ferions / vous vouliez; nous vous aurions fait / vous aviez voulu.
4. vous avez / devra; vous aviez / devrait; vous aviez eu / aurait dû.
5. vous réglez / nous vous accorderons; vous régliez / nous vous accorderions; vous aviez réglé / nous vous aurions accordé.
6. vous examinez / vous constaterez; vous examiniez / vous constateriez; vous aviez examiné / vous auriez constaté.
7. montrera / vous souhaitez; montrerait / vous souhaitiez; aurait montré / vous aviez souhaité.
8. vous comparez / vous remarquerez;vous compariez / vous remarqueriez; vous aviez comparé / vous auriez remarqué.
9. nous appliquerons / parvient; nous appliquerions / parvenait; nous aurions appliqué / était parvenue.
10. vous avez / je pourrai; vous aviez / je pourrais; vous aviez eu / j'aurais pu.

LE SUBJONCTIF

16. Formez le subjonctif des verbes suivants

Il faut que
1. je propose 2. tu te réfères 3. il soit 4. elle exporte 5. nous offrions 6. vous répondiez
7. ils paient 8. elles viennent 9. vous vous adressiez 10. nous cherchions 11. nous précisions 12. nous nous excusions 13. vous joigniez 14. ils fixent 15. vous indiquiez 16. il envoie 17. vous ayez lu 18. ils puissent passer 19. elle arrive 20. nous essayions

Nous sommes heureux que
1. vous vous soyez intéressé / e / s / es 2. vous ayez pris contact 3. elle vous donne satisfaction 4. nos articles vous plaisent 5. cet appareil vous convienne 6. notre annonce vous intéresse 7. notre annonce ait retenu votre attention 8. vous vous soyez adressé / e / s / es à nous. 9. vous nous contactiez 10. nos articles répondent à vos besoins.

17. Complétez le texte avec les mots suivants:

Nos conseillers sont là pour vous **aider** dans vos **choix** et **commandes.**
Du lundi au **vendredi,** de 7h 30 à 18h 30 notre assistante vous **accueille** au **téléphone** et vous apporte les **conseils** dont vous avez besoin.
Elle répond à toutes les **questions** concernant vos commandes, **livraisons** ou **factures.**
Notre catalogue est **riche** de plus de 6000 articles, c'est un **outil de travail** agréable à consulter et **simple** à utiliser.
Nos **chauffeurs** vous livrent sous 24 heures.
Nous **échangeons** tout produit, **retourné** sous huit jours dans son **emballage** d'origine.
Nous vous **proposons** la **qualité,** les **délais** et la convivialité que vous attendiez.

18. Mettez les mots qui manquent dans cette offre!

réception, écoulé, intérêt; vendre, naturelles, à l'eau, faciles, le bois, coloris, informations, clientèle, il s'agit, nuances, couleur, représentant, démonstration, rayon, se vendent, une fiche technique, langues, tout nouveau, prêts, accorder, commande; dépassant, bien sûr, disposition; renseignements, souhaiteriez, s'adressent; consommateurs, matériaux, ordre; respectueuses

EXERCICES DE REDACTION ET DE TRADUCTION
Un peu d'ordre, s'il vous plaît!

6 – 11 – 7 – 13 – 12 – 1 – 8 – 5 – 3 – 10 – 4 – 2 – 9

Kapitel 2 – EXERCICES DE RÉDACTION – Gestaltungshinweise

Brief B1
der nächste Morgen = le lendemain
aufschlagen (Kosten) = ajouter € … , payer un supplément

Brief B2
das Preis-Leistungs-Verhältnis = le rapport qualité-prix

Brief B3
unterstreichen = souligner
an Bord eines Flugzeuges = à bord d'un avion
Gewicht = le poids
(den Verkaufsbedingungen) unterliegen = être soumis à, conforme(s) à … (aux conditions de vente)

Brief B4
Aufpreis = le supplément
sich erhöhen um … % = augmenter de … %
zuversichtlich sein = être sûr

Brief B5
statt = au lieu de

EXERCICES DE TRADUCTION

Traduisez! (1)

la liste de prix
la liste actuelle des prix

Objet : Fournitures de bureau / fournitures scolaires
Mesdames, Messieurs,
Nous nous référons à notre conversation téléphonique du 14 ct et vous remercions de l'ínterêt porté à nos articles.
Nous vous envoyons (enverrons) par courrier séparé notre catalogue no. 02 / II avec la liste actuelle des prix qui est valable jusqu'au 30 octobre de cette année.
Nous vous prions de nous envoyer par Fax le bon de commande de la page 72. Nous pouvons (pourrions) ensuite livrer immédiatement.
En outre, nous avons le plaisir de pouvoir vous proposer
    20.000 unités, craie blanche, référence 12.84.02, Euro 12,– pour 1000 unités
    5.000 unités, gommes, référence 18.05.40, Euro 12,– pour 100 unités
    2.000 unités, règles en plastique vert, réf. 17.84.20, Euro 17,– pour 100 unités
Vous trouverez les descriptions détaillées dans le catalogue aux pages 2, 5 et 8 sous les numéros de référence correspondants. Les prix sont franco domicile pour les quantités minimum indiquées ci-dessus.
Nous espérons que notre offre vous conviendra et serions heureux d'être favorisés de votre ordre.
Nous vous prions de croire, Mesdames, Messieurs, à l'expression de nos sentiments les meilleurs.

Traduisez! (2)

Date
Objet: Pantalons pour femmes
Mesdames, Messieurs,
Nous vous remercions de votre lettre témoignant de l'intérêt pour nos produits.
Nous nous sommes spécialisés dans la fabrication de pantalons pour femmes et nous vendons de grandes quantités en Angleterre et aux Etats-Unis. Nous aimerions travailler avec
une entreprise qui a des magasins dans toutes les grandes villes de votre pays. La finition
excellente, les tissus modernes et le prix favorable faciliteront l'introduction de notre
marque en Allemagne.
Nous nous permettons de vous envoyer ci-joint un catalogue avec le tarif actuel qui est valable jusqu'au 31 janvier. Vous recevrez par courrier séparé quelques échantillons de nos
tissus pour que vous puissiez examiner la qualité.
Nos prix s'entendent, en général, franco domicile pour une livraison immédiate. En ce qui
concerne les articles no. 34, 35 et 36 le délai de livraison est pourtant de 2 semaines après
réception de l'ordre. Nos conditions de paiement pour un ordre initial sont : par chèque à
la réception de la marchandise.
Malheureusement, nous ne pouvons pas vous accorder de remise car / parce que nos prix
sont déjà très favorables.
Si vous avez besoin de renseignements supplémentaires, veuillez vous adresser à Mme Le-
mercier, tél. 0875566747.
En ce qui concerne la représentation, M. Legendre, notre directeur vous rendra visite le 20
ct, comme vous l'avez désiré.
Nous espérons que notre offre vous incitera à nous passer un ordre et serions heureux de
vous lire bientôt.
Veuillez agréer, Mesdames, Messieurs, nos salutations distinguées.

Traduisez! (3)

Objet: Importation de vin rouge de Bordeaux
Madame, Monsieur,
Nous avons lu avec grand intérêt que vous allez (alliez) ouvrir à Berlin une nouvelle filiale
et aimerions vous soumettre une offre spéciale :
1.800 bouteilles de 0,75 l « Château Lafitte » 1995, Grand Cru, emballées dans des caisses
de 6 bouteilles, livrées immédiatement franco domicile, au prix de € ... la bouteille.
Comme vous le constaterez, notre prix est particulièrement bas pour ce vin excellent.
Notre offre n'est valable que jusqu'au 15 décembre. Après cette date, le prix sera de ...
C'est pourquoi nous vous prions de vous décider rapidement.
En outre, nous vous envoyons en annexe notre dernier catalogue et désirons attirer votre
attention sur notre « Château Margaux » de la page 22 qui est d'une qualité exceptionnelle. Comme notre stock est en train de s'épuiser, vu la forte demande, nous vous prions de
commander rapidement. Nos conditions de livraison n'ont pas changé. Mais nous n'accordons le rabais de 4 % que pour des ordres d'une valeur de € ...
Notre représentant, M. Chatignon, vous rendra visite le 04 décembre, comme vous l'aviez
désiré, pour discuter des nouvelles conditions de paiement. Comme vous êtes des clients
fidèles de notre maison depuis 15 ans nous trouverons certainement une solution satisfaisante.

Dans l'espoir de vous lire bientôt, nous vous prions d'agréer, Madame, Monsieur, nos salutations distinguées.
Annexe : Catalogue

Traduisez! (4)

Chaussures pour femmes – Offre n° 3 / 1991
Madame, Monsieur,
Nous vous remercions de votre demande du 15 novembre et avons le plaisir de vous soumettre notre offre :

10 cartons assortis = 160 paires de chaussures pour femmes, modèle « Lavina », n° de référence 43123, pointures du 36 au 41, au prix de € 25,– la paire.

10 cartons assortis = 160 paires de chaussures pour femmes, modèle « Iris », n° de référence 43145, pointures du 36 au 41, au prix de € 28,– la paire.

Coloris : rouge, vert ou bleu

Les prix s'entendent départ usine. Nous pourrons livrer ces modèles dès réception de votre ordre. Le transport peut se faire par le train. Le paiement doit être effectué par chèque 10 jours après (la) réception de la marchandise.
Nous vous envoyons en annexe notre dernier catalogue et la liste de prix. Tous les prix s'entendent départ usine, la livraison s'effectue dans les 3 semaines après réception de l'ordre, le paiement doit se faire par traite à 30 jours de vue. Les prix sont valables jusqu'au 31 décembre. Si vous payez dans les 10 jours après réception de la facture, nous accorderons 3 % d'escompte.
Vous trouverez d'autres informations détaillées sur nos modèles dans le catalogue. Nous vous envoyons (enverrons) quelques échantillons de cuir par courrier séparé. Nous espérons que la qualité de nos produits vous conviendra et qu'elle vous incitera à nous passer un ordre. Si vous le désirez, Monsieur Schuster, notre représentant, pourra venir vous rendre visite.
Nous serions heureux de recevoir bientôt de vos nouvelles et nous vous prions d'agréer, Madame, Monsieur, nos meilleures salutations.

Kapitel 2 – VERSION

Die Geheimnisse des Camembert der Normandie AOC

1983 hat der Camembert der Normandie das Siegel AOC = kontrollierte Herkunftsbezeichnung erhalten, weil er (der Camembert) sehr oft kopiert worden ist. Der Camembert der Normandie ist der einzig authentische. Die Fabrikationskriterien sind sehr streng. Die Milch, die (für deren Fabrikation) eingesetzt wird, muss ausschließlich aus den Departements der Normandie stammen, sie ist besonders fettreich. Der Camembert AOC wird aus Rohmilch hergestellt, das heißt, dass er nie auf mehr als 37° C erhitzt werden darf. Seine Vitamine werden also nicht durch die Hitze zerstört . Er hat eine ebenmäßige Form, eine weiße flaumbedeckte Kruste, seine Masse ist hellgelb.
Der Camembert AOC muss im Kühlschrank bei einer Temperatur zwischen 5 und 10°C aufbewahrt werden, vorzugsweise in seiner Originalverpackung (Schachtel und Papier). Er muss bei einer Raumtemperatur von 18 – 20°C serviert werden, damit sein ganzes Aroma zur Geltung kommt. Es empfiehlt sich, ihn eine Stunde vor der Mahlzeit aus dem Kühlschrank zu holen und das Verpackungspapier zu entfernen. Nicht vergessen, ihn mit den

besten Rotweinen zu reichen (verbinden) oder mit Flaschencidre! Ein Camembert aus der Normandie (250g) enthält durchschnittlich 750 bis 800 Kalorien, er ist reich an Kalzium und Vitaminen. Guten Appetit.

Der Fischfang in Frankreich

Mit 3000 km Küste, rangiert Frankreich an 25. Stelle der Länder, die Reichtümer des Meeres nutzen. Die der Küsten sind mannigfaltig: Austernzucht, Miesmuschelzucht, Algenernte und Salzgewinnung im Mittelmeer. Der Fang von Muscheln und Schalentieren macht 27 % (in Tonnen) aus, der Fischfang für die Konservenindustrie ebenfalls 27 % und der Rest sind frische und tiefgefrorene Fische.

Der Hafen von Sète (südlich von Montpellier) steht an 2. Stelle der französischen Mittelmeerhäfen. Aber wie in allen anderen Häfen, ist es für die von kleinen Fischern betriebene Fischerei immer schwieriger, zu überleben.

Sète hat sich auf die Zucht von Austern und Schalentieren an der Küste und auf Thunfischfang auf Hochsee spezialisiert.

Im alten Hafen, berichtet uns ein kleiner Fischer aus Sète von seiner Arbeit und dem Ablauf des Fischverkaufs.

Er fährt zwischen 03.00 und 04.00 Uhr morgens hinaus und kehrt gegen 16.00 Uhr in den Hafen zurück. Bei seiner Rückkehr informiert er sogleich seinen Abnehmer über die ungefähre Menge dessen, was er gefangen hat. Gegen 17.00 Uhr beginnt die Versteigerung. Die Anlandungen werden sortiert und schnell gewogen, um dem etwaigen Käufer zu erlauben, seine Preise zu berechnen, die er per Fax oder Telefon an die interessierten Kunden weitergibt. Der (wiederum) muss sich sehr schnell entscheiden, da die Kühltransporter für 19.00 Uhr fertig sein müssen. Der Transport, der generell in Richtung Paris (oder nach Straßburg für das Ausland) geht, muss spätestens um 02.00 Uhr morgens am Bestimmungsort ankommen. Dieser Zeitplan wird streng kontrolliert. Wird er nicht eingehalten, so muss Strafe gezahlt oder der Preis der Ware um ungefähr 20 % gesenkt werden.

Bei unserem Fischer geht es also um einen Wettlauf gegen die Uhr einerseits und andererseits die Furcht, nicht genug Fisch gefangen zu haben – angesichts der Überfischung des Meeres. Der sehr kostspielige Unterhalt seines Bootes und eine starke Konkurrenz unter den Fischern machen ihm das Leben sehr schwer.

An Nachfrage nach Fisch mangelt es jedoch nicht – im Gegenteil – die Franzosen essen mehr Fisch als sie fangen. Frankreich muss 20 % seines Bedarfs importieren!

Dictée

Mesdames, Messieurs,

Nous accusons réception de votre lettre du 20 écoulé et sommes heureux d'apprendre que vous êtes intéressés par nos machines.

En réponse à votre demande nous vous faisons parvenir le plus rapidement possible les prospectus désirés par colis postal. Vous y trouverez toutes les informations sur les détails techniques des machines qui vous intéressent. Nous aimerions attirer votre attention sur le fait que nous sommes toujours prêts à vous donner des renseignements complémentaires. Le prix des machines est de € 2.100,–, TVA comprise, selon les conditions générales de vente. Nos conditions de livraison et de paiement sont comme suit :

Le transport s'effectue en régime accéléré par le train. Les frais seront à notre charge. Pour paiement dans les 10 jours après réception de la facture vous pouvez obtenir 2 % d'escompte. Si votre ordre initial nous parvient par retour du courrier, nous serons disposés à vous accorder – à titre exceptionnel – une remise de 10 % sur le prix cité ci-dessus. En ce moment nous pouvons livrer toutes nos machines dans les 4 semaines.

Nous vous signalons que nous sommes spécialisés dans la fabrication de ces machines depuis des années et que nos clients ont toujours été satisfaits.

Nous espérons que la qualité excellente de nos articles et nos conditions vous inciteront à nous passer un ordre que nous exécuterons avec le plus grand soin et à votre entière satisfaction.

Dans l'attente de votre prompte réponse, nous vous prions d'agréer, Mesdames, Messieurs, nos salutations distinguées.

Dictée

Objet: Chopes – Cadeau publicitaire
Madame, Monsieur,

Nous avons appris avec plaisir que vous cherchez un fabricant pour vos chopes.

Etant donné que nous sommes une maison de renommée mondiale qui produit de la porcelaine de la plus haute qualité nous serons certainement en mesure de fabriquer la chope avec le logo de votre entreprise.

Comme vous le savez certainement, nous produisons une porcelaine artisanale, peinte à la main. La chope que nous vous proposerons sera un objet de valeur unique et donc le cadeau idéal pour vos meilleurs correspondants. Il aura, par conséquent, un prix qui ne sera pas comparable à celui d'une chope de fabrication courante.

Permettez-nous encore quelques questions avant de vous soumettre une offre définitive : Préférez-vous que votre logo soit peint dans les deux couleurs (bleu + noir) ou dans l'une ou l'autre des deux couleurs ? Quelle serait la quantité exacte de chaque couleur ? Désirez-vous un emballage spécial dans des boîtes individuelles ou des cartons de 10 ? Préférez-vous la livraison par camion franco domicile ou l'acheminement par train ex usine ?

Nous vous prions de nous préciser ces détails afin que nous puissions vous soumettre une offre conforme à vos besoins.

Au cas où vous préféreriez que votre logo soit imprimé sur les chopes nous vous demanderions de nous le signaler car nous aurons la possibilité de les faire fabriquer par un de nos partenaires.

Si vous avez besoin de renseignements complémentaires, n'hésitez-pas à nous consulter. Madame Blöcker, ligne directe 0654 / 23980-233 répondra avec plaisir à toutes vos questions.

Veuillez agréer, Madame, Monsieur, nos salutations les plus distinguées.

MODELLANTWORTEN

Dartidom

1. Il n'y a aucune indication précise. Ceci veut dire que la livraison s'effectuera immédiatement.
2. Le transport sera payé par Steiner Gerätebau jusqu'en gare de Bordeaux. Le réacheminement entre la gare et l'entrepôt de Dartidom sera à la charge de Dartidom.
3. L'assurance fait partie du contrat de vente et sera couverte par Steiner Gerätebau

Kaufhort AG

1. Kaufhort envoient un bon de commande en annexe dont une copie doit être signée par Santa Lucia S. A. servant de confirmation de commande.
2. Au cas où la marchandise n'arriverait pas avant le 1er février.
3. 5 % de remise pour le lancement de la marque en Allemagne.

Technicole

1. Monsieur Werner est le collaborateur du fournisseur, très probablement le chef de vente de Staetcastell.
2. Monsieur Prévert lui a expliqué que le Service Scolaire n'a pas les moyens d'acheter les quantités prévues au début.
3. Une partie de la commande reste inchangée et M. Prévert espère pouvoir passer une nouvelle commande une fois que les problèmes seront résolus.
4. Résoudre les problèmes et passer d'autres commandes.
5. Il modifiera la commande selon le désir de Technicole dans l'espoir de futures affaires.

Aviaconfort

1. Elle promet d'introduire la marque – donc des affaires ultérieures. Elle pense pouvoir commander des quantités encore plus importantes.
2. Elle demande une réduction de la quantité minimum à 3.000 unités et une modification des conditions de paiement.
3. Le non-respect du délai de livraison entraînerait une annulation du contrat.

Aviaconfort

1. Les conditions de paiement et une remise pour le lancement des articles. Aviaconfort exigent une remise de 10 % et paiement dans les 30 jours.

El Dorado S. A.

1. Le représentant de Cambour a rendu visite à El Dorado. Il a montré la collection et laissé 3 montres pour la présentation dans les magasins du client.
2. Le futur client le présente plutôt difficile car la concurrence suisse et allemande semble très forte.

3. Ce modèle sera livré à partir du mois de septembre seulement.
4. Pas tout à fait. Il reste une petite quantité qui sera retournée à Cambour.

EXERCICES DE GRAMMAIRE ET DE VOCABULAIRE

1. Cherchez l'intrus!

1. la monnaie 2. l'enveloppe 3. élevé 4. la nouveauté 5. utile 6. par avion 7. la réception 8. efficace 9. livrer 10. les dictionnaires 11. le sachet 12. annuler 13. effervescent 14. la majorité 15. vendu 16. strictement 17. par courrier séparé 18. l'usine 19. soigneuse 20. en régime ordinaire

L'ARTICLE PARTITIF / L'ARTICLE AVEC LA NEGATION

2. Ajoutez l'article correct

1. Nous aurions besoin de 150 couvertures.
2. Ce magasin a du choix.
3. La plupart des marchandises commandées sont en stock.
4. Nous n'avons jamais vendu de produits surgelés.
5. Il y a beaucoup de difficultés avec le service administratif.
6. Nous vous avons commandé 150 paires de gants.
7. Il achète 50 kg de fromage français par mois.
8. Le fromage est emballé dans des boîtes de 250g .
9. Nous avons fait assez de publicité pour nos articles.
10. Il commande 500 boîtes de thon au naturel.
11. Les jardins d'enfants utilisent beaucoup de jouets en bois.
12. Il nous faudrait plus d'informations sur cet article.
13. Nos camions ont passé la frontière sans difficultés.
14. Il est difficile de trouver de la bonne qualité.
15. La marchandise avec des défauts est vendue à bas prix.
16. De combien de machines vous servez-vous?
17. Nous avons une grande quantité de clients à l'étranger.
18. Cette maison a énormément de travail.
19. Nous n'avons plus de possibilités de commander ailleurs.
20. Le transport à l'étranger occasionne trop de frais.
21. Cette offre attirera autant de clients que l'autre.
22. Les produits biologiques prennent de plus en plus d'importance.
23. Nos clients préfèrent les produits sains, ils n'aiment pas les produits traités.
24. Les 120 bouteilles ont été emballées dans des cartons de 6 bouteilles.
25. Nous n'avons jamais eu d' offre aussi intéressante

3. Quel est le mot juste?

Répondez:
1. l'escompte 2. la facture 3. le prix 4. l'offre 5. le devis 6. le délai de livraison 7. le retard de livraison

8. paiement = règlement;
   désigner = indiquer;
   être de = s'élever à;
   correspondre = répondre à;
   tenir à = compter sur
9. Nous avons reçu la marchandise.
   Nous avons obtenu un rabais important.
10. H. T. = hors taxes
    T. V. A. = taxe sur la valeur ajoutée
    Ets. = Etablissements
    Cie = Compagnie
    B. N. P. = Banque Nationale de Paris
    P. J. = pièce jointe
    S. N. C. F. = Sociéte Nationale des Chemins de Fer
    ct. = courant
    C. C. P. = Compte Chèque Postal
    p. o. = par ordre
    No. = numéro
    N / Réf. = numéro de référence
    T T C. = toutes taxes comprises

4. Révision de verbes

INFINITIFS PRESENT P.-C FUTUR IMP P.-Q.-P. COND.I (1ère P. Sg / 1 P. Pl.)

PASSER je passe j'ai passé je passerai je passais j'avais passé je passerais nous passons ns avons passé ns passerons ns passions ns avions passé ns passerions

SUIVRE je suis j'ai suivi je suivrai je suivais j'avais suivi je suivrais nous suivons ns avons suivi ns suivrons ns suivions ns avions suivi ns suivrions

DEVOIR je dois j'ai dû je devrai je devais j'avais dû je devrais nous devons ns avons dû ns devrons ns devions ns avions dû ns devrions

CORRESPONDRE je corresponds j'ai correspondu je correspondrai je correspondais j'avais correspondu je correspondrais ns correspondons ns avons correspondu ns correspondrons ns correspondions ns avions correspondu ns correspondrions

FAIRE PARVENIR je fais parvenir j'ai fait parvenir je ferai parvenir je faisais parvenir j'avais fait parvenir je ferais parvenir nous faisons parvenir ns avons fait parvenir ns ferons parvenir ns faisions parvenir ns avions fait parvenir ns ferions parvenir

ENTRAINER j'entraîne j'ai entraîné j'entrainerai j'entraînais j'avais entraîné j'entraînerais nous entraînons ns avons entraîné ns entraînerons ns entraînions ns avions entraîné ns entraînerions

ANNULER j'annule . j'ai annulé j'annulerai j'annulais j'avais annulé j'annulerais nous annulons ns avons annulé ns annulerons ns annulions ns avions annulé ns annulerions

LIVRER je livre j'ai livré je livrerai je livrais j'avais livré je livrerais nous livrons ns avons livré ns livrerons ns livrions ns avions livré ns livrerions

PREFERER	je préfère j'ai préféré je préférerai je préférais j'avais préféré je préfére-rais nous préférons ns avons préféré ns préférerons ns préférions ns avions préféré ns préférerions
REGLER	je règle j'ai réglé je réglerai je réglais j'avais réglé je réglerais ns réglons ns avons réglé ns réglerons ns réglions ns avions réglé ns réglerions
TENIR COMPTE	je tiens compte j'ai tenu compte je tiendrai compte je tenais compte j'avais tenu compte je tiendrais compte nous tenons compte ns avons tenu compte ns tiendrons compte ns tenions compte ns avions tenu compte ns tiendrions compte
LANCER	je lance j'ai lancé je lancerai je lançais j'avais lancé je lancerais nous lançons ns avons lancé ns lancerons ns lancions ns avions lancé ns lan-cerions
MODIFIER	je modifie j'ai modifié je modifierai je modifiais j'avais modifié je modi-fierais nous modifions ns avons modifié ns modifierons ns modifions ns avions modifié ns modifierions
SE PERMETTRE	je me permets je me suis permis(e) je me permettrai je me permettais je m'étais permis je me permettrais nous nous permettons ns ns sommes permis(es) ns ns permettrons ns ns permettions ns ns étions permis(es) nous nous permettrions
ACCEPTER	j'accepte j'ai accepté j'accepterai j'acceptais j'avais accepté j'accepte-rais nous acceptons nous avons accepté nous accepterons nous accep-tions nous avions accepté nous accepterions
CONFIRMER	je confirme j'ai confirmé je confirmerai je confirmais j'avais confirmé je confirmerais nous confirmons nous avons confirmé nous confirmerons nous confirmions nous avions confirmé nous confirmerions
PARAITRE	je parais j'ai paru je paraîtrai je paraissais j'avais paru je paraîtrais nous paraissons nous avons paru nous paraîtrons nous paraissions nous avions paru nous paraîtrions
VIRER	je vire j'ai viré je virerai je virais j'avais viré je virerais nous virons nous avons viré nous virerons nous virions nous avions viré nous virerions
BENEFICIER	je bénéficie j'ai bénéficié je bénéficierai je bénéficiais j'avais bénéficié je bénéficierais nous bénéficions nous avons bénéficié nous bénéficie-rons nous bénéficions nous avions bénéficié nous bénéficierions
REDUIRE	je réduis j'ai réduit je réduirai je réduisais j'avais réduit je réduirais nous réduisons nous avons réduit nous réduirons nous réduisions nous avions réduit nous réduirions
SATISFAIRE	je satisfais j'ai satisfait je satisferai je satisfaisais j'avais satisfait je satis-ferais nous satisfaisons nous avons satisfait nous satisferons nous satis-faisions nous avions satisfait nous satisferions
S'ADRESSER	je m'adresse je me suis adressé(e) je m'adresserai je m'adressais je m'é-tais adressé (e) m'adresserais nous nous adressons ns ns sommes adressé(e)s ns ns adresserons ns ns adressions ns ns étions adressé(e)s ns ns adresserions
PAYER	je paie j'ai payé je payerai je payais j'avais payé je payerais nous payons nous avons payé nous payerons nous payions nous avions payé nous payerions

OUVRIR	j'ouvre j'ai ouvert j'ouvrirai j'ouvrais j'avais ouvert j'ouvrirais nous ouvrons nous avons ouvert nous ouvrirons nous ouvrions nous avions ouvert nous ouvririons
AUGMENTER	j'augmente j'ai augmenté j'augmenterai j'augmentais j'avais augmenté j'augmenterais nous augmentons nous avons augmenté nous augmenterons nous augmentions nous avions augmenté nous augmenterions
REMPLACER	je remplace j'ai remplacé je remplacerai je remplaçais j'avais remplacé je remplacerais nous remplaçons nous avons remplacé nous remplacerons nous remplacions nous avions remplacé nous remplacerions
EFFECTUER	j'effectue j'ai effectué j'effectuerai j'effectuais j'avais effectué j'effectuerais nous effectuons nous avons effectué nous effectuerons nous effectuions nous avions effectué nous effectuerions
REPONDRE	je réponds j'ai répondu je répondrai je répondais j'avais répondu je répondrais nous répondons nous avons répondu nous répondrons nous répondions nous avions répondu nous répondrions
VEILLER	je veille j'ai veillé je veillerai je veillais j'avais veillé je veillerais nous veillons nous avons veillé nous veillerons nous veillions nous avions veillé nous veillerions
COMPTER SUR	je compte sur j'ai compté sur je compterai sur je comptais sur j'avais compté sur je compterais sur nous comptons sur nous avons compté sur ns compterons sur ns comptions sur ns avions compté sur nous compterions sur
REFUSER	je refuse j'ai refusé je refuserai je refusais j'avais refusé je refuserais nous refusons nous avons refusé nous refuserons nous refusions nous avions refusé nous refuserions
PRENDRE	je prends j'ai pris je prendrai je prenais j'avais pris je prendrais nous prenons nous avons pris nous prendrons nous prenions nous avions pris nous prendrions
ENVOYER	j'envoie j'ai envoyé j'enverrai j'envoyais j'avais envoyé j'enverrais nous envoyons nous avons envoyé nous enverrons nous envoyions nous avions envoyé nous enverrions
POUVOIR	je peux (puis) j'ai pu je pourrai je pouvais j'avais pu je pourrais nous pouvons nous avons pu nous pourrons nous pouvions nous avions pu nous pourrions
OBTENIR	j'obtiens j'ai obtenu j'obtiendrai j'avais obtenu j'obtenais j'obtiendrais nous obtenons nous avons obtenu nous obtiendrons nous avions obtenu nous obtenions nous obtiendrions
CONVENIR	je conviens j'ai convenu je conviendrai je convenais j'avais convenu je conviendrais nous convenons nous avons convenu nous conviendrons nous convenions nous avions convenu nous conviendrions
PROMETTRE	je promets j'ai promis je promettrai je promettais j'avais promis je promettrais nous promettons nous avons promis nous promettrons nous promettions nous avions promis nous promettrions

Allô affaires – Handelsfranzösisch (Lösungsbuch) © FELDHAUS VERLAG, Hamburg

LE SUBJONCTIF

5. Formez le subjonctif des verbes suivants

1: sois, 2: fasses, 3: ouvre, 4: expédie, 5: appelions, 6: achetiez, 7: répondent, 8: tiennent compte, 9: écrive, 10: puisses, 11: prenne, 12: essaye, 13: choisissions, 14: payiez, 15: aillent, 16: aient, 17: répétions, 18: vous sachiez, 19: veuille, 20: voyiez

6. Mettez la forme correcte

1: livriez, 2: corresponde, 3: soyez, 4: n'ayez, 5: envoyiez, 6: parvienne, 7: exécutiez, 8: lancions, 9: soit, 10: réduisiez, 11: soit embarquée, 12: respectiez, 13: soit, 14: accordiez, 15: rende

7. Faites des phrases commençant par les expressions suivantes

– Il est nécessaire que les articles commandés correspondent ...
– Nous voudrions que les échantillons soient ...
– Il faudrait que nous recevions la totalité de la marchandise.
– Il serait souhaitable que vous nous envoyiez un nouveau modèle.
– En attendant que vous puissiez envoyer les articles commandés ...
– Serait-il possible que nous choisissions un nouveau modèle?

8. Faites des phrases avec les conjonctions suivantes

– Vous devez baisser vos prix pour que nous puissions passer une commande.
– Nous ne vous passerons pas commande à moins que vous nous accordiez un rabais plus élevé.
– Nous vous passons commande à condition que vous modifiiez les conditions de paiement.
– Nous attendons vos échantillons avant que nous ne puissions lancer vos produits sur le marché.
– Nous attendons jusqu'à ce que vous nous confirmiez ces conditions.
– Nous vous prions de veiller à ce que la qualité soit conforme à celle des échantillons.

9. Reliez les phrases

1. Nous sommes heureux d'être en mesure de vous envoyer ...
2. Les clients désirent recevoir des échantillons.
3. Nous sommes heureux que vous soyez intéressés par nos articles.
4. Il est nécessaire que vous baissiez les prix.
5. Nous regrettons de ne pas pouvoir vous passer d'ordre en ce moment. *wegen Verneinung*
6. Les clients désirent que vous leur envoyiez des échantillons.
7. Il vaudrait mieux que nous annulions la commande.
8. Le client veut bénéficier d'une remise.
9. Nous regrettons que vous ne puissiez pas nous livrer plus rapidement.
10. Ce serait très aimable de votre part de répondre par retour du courrier. *gleiches Sujet, Nier gleiches Thema und nicht gleiches Subjekt*
    que vous répondiez par

10. Indicatif ou subjonctif?

1. Je pense que vous accepterez notre modification
2. Nous aimerions que vous emballiez les appareils séparément.
3. Nous souhaitons qu'il vous soit possible de nous accorder une remise.
4. Il est nécessaire que vous nous précisiez votre mode de transport.
5. Nous espérons que votre offre restera valable jusqu'à la fin du mois.
6. Nous croyons que nos clients apprécieront le design de vos stylos.
7. En attendant que vous nous contactiez le plus tôt possible, ...
8. Nous devons recevoir vos produits avant que la saison ne commence
9. Il vaudrait mieux que chaque vase soit emballé dans une boîte.
10. Dans l'espoir que la marchandise arrivera à temps, ...
11. Il est très important que vous respectiez le délai promis.
12. Je ne crois pas que la vente de cet article pose des problèmes.

14. Nous vous informerons dès que la marchandise sera arrivée.

15. Nous aurions besoin d'un appareil qui puisse nous faciliter le travail.

TEXTE A TROUS

11. Exercice de vocabulaire

examen, échantillons, commande, pots, parfums, fraise / cerise, fruits, pots, allégée, pots, cerise / fraise, promis, parvenir, joindre, brochures, exemplaires, règlement, chèque, facture, exécution

Kapitel 3 – Exercices de rédaction – Gestaltungshinweise

Brief B 3
unter der Voraussetzung, dass = à condition que (+ Subjonctif)
Lieferfristen einhalten = respecter les délais de livraison

Brief B 4
einzeln verpacken = emballer individuellement
ändern = modifier
Hotelkette = une chaîne hôtelière, la chaîne d'hôtels

Brief B 5
Flasche (dieser Größe) = le flacon

992003

EXERCICES DE TRADUCTION

(1) Schlumberger

Objet: Ordre no. 5980B – Gants modèle « Lessiveur »
Monsieur,
Je me réfère à notre entretien téléphonique concernant quelques modifications des conditions de vente. Ci-joint, vous trouverez notre bon de commande en triple exemplaire. Nous avons réalisé les modifications comme convenu et vous prions donc de nous faire parvenir une copie signée. Le prix est de € 1,80 au lieu de 1,90 et le paiement se fera par traite à trente jours de vue.
Par la présente je voudrais souligner l'importance d'un respect absolu du délai de livraison, car sinon nous devrions annuler ce contrat.
Dans l'espoir d'une bonne collaboration, je vous prie d'agréer, …
P.J. Bon de commande.

entsprechend = comme convenu

(2) Kämmer

Madame,
Nous vous remercions de votre catalogue ainsi que des échantillons qui nous sont parvenus la semaine dernière et nous avons le plaisir de pouvoir vous annoncer que nous vous passons une commande d'essai concernant 1.500 chopes, modèle « Maman ». Nous vous signalons que les chopes doivent être emballées chacune dans une boîte et spécialement protégées pour le transport par train et avion. Nous vous conseillons d'utiliser de la pellicule à bulles d'air.
Vous nous avez accordé un prix spécial d'introduction de € 4,30 par chope ex usine, le délai de livraison est de 4 semaines, impérativement 3 semaines avant la Fête des Mères au Canada. La facture sera réglée par crédit documentaire.
Veuillez remettre la marchandise au transporteur Ubitrans, Tel … et nous envoyer votre avis d'expédition par fax.
Dans l'attente de votre confirmation de notre commande, nous vous prions d'agréer, Madame, …

(3) Commande Sacs à main

Objet
Importation de sacs à main
Madame, Monsieur,
Nous vous remercions des échantillons et du catalogue que nous avons reçus il y a 3 jours. Nous sommes favorablement impressionnés par la finition de vos sacs et par la qualité du cuir. Nous aimerions lancer vos produits sur notre marché et nous pourrions vous passer immédiatement un ordre de 1.000 sacs si vous étiez prêts à changer vos conditions.
Jusqu'à présent nous nous sommes approvisionnés auprès de la concurrence italienne qui offre ses produits à des prix plus favorables. C'est pourquoi nous vous prions de vérifier si vous pourriez baisser vos prix de 10 %. Nous sommes convaincus que nous pourrions bientôt vous passer des ordres très importants à cause de la qualité excellente (de vos sacs). En outre, nous vous prions d'examiner si vous pouvez accepter un paiement par traite à vue de 60 jours. Nous acceptons la livraison franco frontière allemande.

Veuillez nous faire savoir rapidement si vous changerez votre offre et envoyez-nous un autre échantillon du modèle « Angela ». Nous désirons le présenter dans un de nos grands magasins.

Nous espérons que cela sera le début de bonnes relations d'affaires et serions heureux de recevoir bientôt de vos nouvelles.

Veuillez agréer, Madame, Monsieur, nos sincères salutations.

(4) Serviettes

Objet: Ordre no. 789 du 20 juin

Mesdames, Messieurs,

Nous vous remercions de votre fax indiquant les prix actuels des serviettes de bain de la collection « Costa del Sol » et sommes contents de pouvoir vous passer la commande ci-jointe.

Comme nous vous avions dit déjà lors de l'entretien téléphonique, nous avons besoin de ces articles très urgemment pour un client africain. C'est pourquoi nous nous permettons de vous rappeler qu'il est indispensable que vous respectiez la date de livraison. Sinon, nous nous verrions forcés de changer de fournisseur pour satisfaire ce client.

Comme convenu, les serviettes seront emballées en lots de 10 sous plastique pour les protéger de l'humidité afin d'éviter toute réclamation. Nous vous signalons que – à titre exceptionnel – nous comptons régler la facture par traite à 60 jours de vue car, comme vous le savez – le commerce avec l'Afrique est très difficile en ce moment.

Nous allons vous contacter dans les prochains jours pour prendre rendez-vous avec votre représentant, parce qu'il nous semble nécessaire de discuter de nos prochain(e)s négocia-tions / projets avec nos clients africains et sudaméricains.

Dans l'attente de votre confirmation de commande et avis d'expédition, nous vous prions d'agréer …

P.J. Bon de Commande no. 789

(5) Commande Boîtes de conserve

Objet : Importation de boîtes de conserve

Mesdames, Messieurs,

Nous vous remercions de votre catalogue, de l'offre détaillée et de l'échantillon que nous avons reçus il y a 3 jours. Nous pourrions vous passer immédiatement un ordre de 10.000 boîtes de pêches, si vous étiez en mesure de nous livrer dans les 10 jours après réception de l'ordre et de baisser votre prix de 5 %.

Jusqu'à présent, nous nous sommes procurés nos conserves en Espagne et au Maroc, mais nous serions prêts à entrer en relations d'affaires avec vous, à condition que vous puissiez garantir les délais de livraison souhaités et que vous accordiez un rabais de 8 % pour des quantités d'une valeur de € 25.000,–.

Le respect des délais (de livraison) est particulièrement important parce que nous appro-visionnons presque tous les grands magasins de notre pays. Tout retard entraînerait l'an-nulation des contrats. Nos clients achèteraient (s'approvisionneraient) aussitôt ailleurs. Vous comprenez bien que nous ne voulons en aucun cas perdre ces clients.

Au lieu d'un paiement par lettre de crédit nous vous proposons de payer la facture par trai-te à 30 jours. En ce qui concerne votre premier ordre, nous serions, bien sûr, prêts à ouvrir un accréditif en votre faveur.

Nous acceptons la livraison franco gare Francfort / Main bien que nos fournisseurs marocains nous aient livré jusqu'à présent franco domicile par camion.

Veuillez nous faire savoir aussi vite que possible si vous acceptez nos conditions et envoyez-nous (retournez) un exemplaire du bon de commande ci-joint signé.

Nous espérons que ceci sera le début de bonnes relations d'affaires, et serions heureux de vous lire bientôt.

Veuillez agréer, Mesdames, Messieurs, nos salutations distinguées.

Kapitel 3 – VERSION

Die Textil- und Bekleidungsindustrie

Die Textilindustrie wird beherrscht von großen Unternehmen, die im Norden Frankreichs (Wollweberei), im Osten (Baumwolle), in der Gegend von Lyon (Seide und Kunstfasern) gelegen sind. Die Rohstoffe müssen importiert werden.

Seit einem Jahrzehnt haben die Textilunternehmen massiv in die Modernisierung der Ausrüstung investiert. Der Einsatz von Robotern erlaubte es, die Produktivität zu erhöhen und der ausländischen Konkurrenz besser standzuhalten..

Trotz allem hat sich die Zahl der Arbeiter auf dem Textilsektor seit 1960 um 50 % verringert und die Branche hat mehr als 300.000 Arbeitsplätze in 10 Jahren verloren.

Die Bekleidungsindustrie ist aufgesplittert unter zahlreiche mittlere und kleine Betriebe, die 60 % der Arbeiter dieser Branche beschäftigen. Große Gruppierungen sind selten: Prouvost bei der Wolle, Dofuss-Mieg bei der Baumwolle und DIM bei den Wirkwaren.

Die Unternehmen haben neue Technologien entwickelt wie z. B. der Zuschnitt von Stoffen per Laser. Leider verlagern sie (ihre Produktion) in Mittelmeerländer, Mitteleuropa, Osteuropa und Südostasien.

Zur Zeit stagniert der Verbrauch an Textilwaren, und der Markt wird überflutet von Produkten, die zu niedrigen Preisen in den Entwicklungsländern hergestellt werden.

Trotz zahlreicher Abkommen werden 30 % der Unterwäsche, 50 % der Hosen und 80 % der Pullover importiert.

Die französische Haute Couture hält besser stand und exportiert den größten Teil ihrer Produktion, die mehrmals pro Jahr präsentiert wird. Sie verdankt ihre Weltgeltung Couturiers wie Yves Saint-Laurent, Balmain, Lacroix, Cardin, Chanel, Dior.

Ihre Produktion ist stark an andere Luxusgüterindustrien gebunden wie die der Parfümerie, der Juwelierkunst und der des Porzellans.

Der Tourismus

Der Tourismus repräsentiert heute in Frankreich 10 % des Bruttosozialprodukts und bietet 1,5 Millionen Arbeitsplätze. Ein großer Teil der Angestellten arbeitet saisonweise im Gastgewerbe und in der Hotellerie. Frankreich gehört zu den führenden Ländern der Welt mit 60 Millionen ausländischen Touristen pro Jahr, was ihm einen Handelsbilanzüberschuss von 60 Milliarden FF (10,9 Milliarden Dollar) beschert (erlaubt).

Die meisten Touristen kommen aus Europa – zuerst die Deutschen vor den Briten, Holländern und Belgiern. Dank der Senkung der Luftfahrttarife besuchen die Japaner mehr und mehr Frankreich.

Die Touristen kommen vor allem zu ihrem Vergnügen, sie begeben sich in der Mehrzahl an die Küsten des Mittelmeers und des Atlantiks, oder sie wählen kulturelle Rundreisen, die sie nach Paris, Versailles oder die Schlösser der Loire führen.

Viele bevorzugen ruhigere Plätze im Landesinneren, wo sie manchmal einen Zweiwohnsitz besitzen.

Dank des Tourismus haben einige Regionen einen wirtschaftlichen und demographischen Aufschwung erlebt. Er (der Tourismus) hat auch Anteil an der Entwicklung zahlreicher industrieller Aktivitäten wie der Freizeitschifffahrt, der Sportausrüstung und dem Bauwesen. Große Investitionen sind gemacht worden, um die Beherbergung der Touristen zu verbessern.

Mehr als 1 Million Hotelzimmer, 900.000 Campingplätze, 28.000 ländliche Unterkünfte sowie zahlreiche Häuser und Appartments können 18,5 Millionen Urlauber beherbergen.

Die Provence ist die wichtigste Touristenregion Frankreichs. Sie genießt ein warmes und trockenes Klima, hat ein warmes und generell ruhiges Meer und gute Straßen-, Eisenbahn- und Flugverbindungen.

Cannes, Nizza und Monaco sind die berühmtesten Touristenzentren mit ihren Palästen, Kasinos und Freizeithäfen, wo die Jachten der amerikanischen Milliardäre Station machen. Ein populärerer Tourismus entwickelt sich hauptsächlich im Winter, wenn viele Rentner kommen, um die milden Temperaturen zu genießen. Der Geschäftstourismus ist dank des Filmfestivals von Cannes ebenfalls präsent.

Der Charme der Provence liegt in den unzähligen Resten aus der Römerzeit, der Stille der Abteien, den Schätzen der Museen und den Musikfestivals.

Die Schönheit der Landschaft hat viele Künstler verzaubert: Van Gogh, Cézanne und Picasso haben zum Ruf / Ruhm der Region beigetragen.

Lebensmittelprodukte aus der Landwirtschaft

Die landwirtschaftliche Fläche Frankreichs ist die größte der Europäischen Union. Sie macht (bedeckt) 55 % des Landes aus. Frankreich ist nach den USA der zweite Exporteur von landwirtschaftlichen Lebensmitteln der Welt.

Seit mehreren Jahren, hat eine Entwicklung dieser Produkte in dem Bereich der alkoholischen und nicht-alkoholischen Getränke, der Getreide und der Milchprodukte stattgefunden. Letzterer zählt 438 Unternehmen und beschäftigt 67.400 Gehaltsempfänger. Das Wachstum der Käseproduktion und der Produkte aus Frischmilch (besonders milchhaltige Nachspeisen) ist vor allem auf die Einführung von Neuerungen auf dem Gebiet der Verpackung und das Herausbringen neuer Produkte zurück zu führen.

Die französischen Regionen liefern ungefähr 350 verschiedene Käsesorten, hergestellt aus Kuh- oder Ziegenmilch. Bestimmte, wie der Roquefort oder Camembert, haben Weltruf. Es gibt Frischkäse, Schmelzkäse und gereifte Käse (Camembert, Roquefort). Die Käse müssen wie Weine gekostet werden und stets zusammen mit Wein!

Dictée

Messieurs,

Nous vous remercions de votre offre du 26 écoulé.

Comme les échantillons de tissus de lin et de soie qui nous sont parvenus par colis postal nous conviennent, nous vous passons, à titre d'essai, la commande dont vous trouverez les détails sur le bon de commande en annexe.

Nous vous prions de bien tenir compte des différentes couleurs indiquées.

Veuillez nous envoyer les marchandises par chemin de fer, en régime accéléré, en gare de Nancy, comme prévu. Les frais de transport et d'assurance seront à notre charge.

Le délai de livraison de 3 semaines stipulé dans votre offre devra être strictement observé. Pour vous couvrir du montant de votre facture, nous vous prions de tirer sur nous une traite à 3 mois de date.

Il est indispensable que les marchandises livrées correspondent exactement aux échantillons, sinon elles seraient retournées à vos frais.

Notre clientèle est très exigeante et seule une qualité supérieure des tissus pourra l'inciter à acheter.

En attendant que vous exécutiez notre commande avec un soin particulier, ce qui pourrait entraîner ultérieurement d'autres ordres, nous vous prions d'agréer, Messieurs, l'expression de nos sentiments les meilleurs.

Dictée

Objet : Couvertures – Offre no. 309

Monsieur,

Nous avons reçu votre offre citée ci-dessus et vous en remercions. Les échantillons que vous aviez joints ont attiré notre attention, surtout les couvertures no. 342 et les tapis no. 170.

Nous sommes donc disposés à vous passer une première commande d'essai portant sur 150 couvertures en laine, Réf. 342, au prix de € 80,– la pièce, en bleu, en blanc et en noir (50 de chaque couleur)

40 tapis en coton, modèle « Safari », Réf. 170, au prix de € 130,– la pièce.

Ces articles doivent être strictement conformes aux échantillons et livrés jusqu'à la fin du mois prochain par chemin de fer et en régime ordinaire, franco en gare de Strasbourg, emballage compris. Nous réglerons votre facture immédiatement par chèque barré – comme convenu – afin de bénéficier de 2 % d'escompte. Le total de notre commande s'élevant à plus de € 10.000,– nous espérons que vous nous accorderez une remise spéciale de 5 %.

Etant donné qu'il s'agit d'une première commande importante, vous pouvez, si vous le désirez, vous adresser à la B.N.P. de notre ville qui vous donnera tous les renseignements dont vous aurez besoin.

Veuillez prendre soin que cet ordre soit exécuté dans le délai convenu, sinon nous serons obligés d'annuler ce contrat ou de refuser la marchandise.

Espérant que ce premier ordre sera le début de relations d'affaires satisfaisantes avec votre maison, nous vous prions d'agréer, Monsieur, l'expression de nos meilleurs sentiments.

CALIPAGE — BON DE COMMANDE

A retourner par courrier ou par fax à l'adresse indiquée sur la couverture de ce catalogue. Vous pouvez aussi commander par téléphone

VOTRE DISTRIBUTEUR :

Bon de commande N° : _____
Votre nom : _____ Téléphone : _____
Fonction : _____

Mode de règlement : _____
Date : _____ Signature : _____

ADRESSE DE LIVRAISON
N° client : _____
Société : |_|_|_|_|_|_|_|_|_|_|_|_|_|_|_|_|_|_|_|
Service/ZI/Bât./Etage : _____
Adresse : _____
Code postal : _____ Ville : _____
Téléphone : _____ Télécopie : _____
Personne à contacter : _____

Pour certains produits, possibilité de conditionnements inférieurs. Nous consulter.

Code	Quantité	Désignation Article	Prix Unitaire HT	Prix Total HT
603410		Climatiseur monobloc «Moorea»	NOUVEAUTÉ 3990,00	exemple
605454		Imprimante CANON BJC 3000 avec garantie 3 ans	1400,00	exemple

584501		Un pare soleil en carton pliable, pour toute commande supérieure à 590 FHT	GRATUIT
584471		Un sac de voyage pliable, pour toute commande supérieure à 1 490 FHT	GRATUIT

Total HT	
T.V.A. 20,6 %	
Total TTC	

☐ Oui, je souhaite recevoir un exemplaire de votre nouveau Catalogue Général

☐ Veuillez envoyer de ma part votre nouveau Catalogue Général à :

Société : _____
M Mme Mle : _____
Fonction : _____
Adresse : _____
Code postal : _____ Ville : _____
Téléphone : _____ Télécopie : _____

DEMANDEZ NOTRE NOUVEAU CATALOGUE GÉNÉRAL
Plus de 540 pages pour répondre à tous vos besoins !

Allô affaires – Handelsfranzösisch (Lösungsbuch) © FELDHAUS VERLAG, Hamburg

BON DE COMMANDE — JPG

Votre adresse de facturation (merci de compléter en différencie / rubriques ci-dessous)

Société ___ / N° Siret ___
Adresse ___ / Service ___
___ / Fonction ___
Code postal ___ Ville ___ / Téléphone ___ Fax ___
☐ Mme ☐ Mlle ☐ M ___ Prénom ___ / Votre e-mail ___

Votre adresse de livraison (à préciser si différente de l'adresse de facturation)

Société ___ / Bâtiment ___
Adresse ___ / Étage ___ Ascenseur oui ☐ non ☐
Code postal ___ Ville ___ / Personne à contacter ___

Référence	Désignation des articles	Qté	Prix Fht Unitaire	Prix Fht total
4 3 - 9 6 - 2 5 3	Ramette "Reproclair" Papier extra-blanc 80 g/m². Format A4. Voir p. 12	___ × 5	~~35,90~~ 31,90	
		___ × 10	29,95	
		___ × 50	25,95	

Votre cadeau est valable jusqu'au 22/01/2001, dans ce catalogue "500 bonnes affaires", dans la limite des stocks disponibles, une seule fois par client. Offre non cumulable a une autre offre.

Prix valables dans ce catalogue, jusqu'au 28/02/2001.

Votre Encyclopédie Hachette 2001   OFFERTE

Ma commande atteint ~~600~~ Fht 395Fht, la livraison est OFFERTE

Par téléphone
De 8h à 19h30 du lundi au vendredi et de 8h à 12h30 le samedi
01 34 68 39 40

Par fax
24 h sur 24, 7 jours sur 7
01 34 68 41 40

Sur le Web
24 h sur 24, 7 jours sur 7
www.jpg.fr

Par courrier,
à notre adresse postale
JPG - 95478 FOSSES CEDEX

Mode de règlement

Je souhaite...
☐ que ma commande soit facturée en **EUROS €**
☐ régler par **CHÈQUE** (joindre votre lettre à l'envoi)
☐ régler par **CARTE BANCAIRE :** VISA
N° de carte ⎕⎕⎕⎕ ⎕⎕⎕⎕ ⎕⎕⎕⎕ ⎕⎕⎕⎕
Date d'expiration ⎕⎕ ⎕⎕ Nom du titulaire ___
Date et signature : ___
☐ FINANCEMENT — 10 fois. Nous consulter.

TOTAL Fht

• Pour une commande de 195 à 395 Fht, participation de 39 Fht seulement !
• Pour une commande jusqu'à 195 Fht, participation de 69 Fht.

TVA 19,6%
(ou 5,5% sur produits signalés dans ce catalogue)

TOTAL Fttc

Merci de votre commande !

GARANTIE "PROTECTION TOTALE"
Vous êtes protégé à 100 % contre toute perte ou détérioration, même chez vous, jusqu'à la mise en service définitive du produit. Grâce à la garantie "protection totale", nous le reprenons et le remplaçons gratuitement. Tous les frais de transport et d'échange sont à la charge de JPG. Cette garantie, optionnelle lors de votre commande, apparaît sur votre facture. Le montant de cette garantie est de 2,9 % du total hors taxes de la commande, avec un minimum de 4,95 Fht et un maximum de 29,95 Fht.

Conformément à la loi n°78-17 du 8 janvier 1978, vous disposez d'un droit d'accès, de rectification et de suppression des données vous concernant. Par notre intermédiaire, vous pouvez être amené à recevoir des offres commerciales d'autres sociétés. Si vous ne le souhaitez pas, il vous suffit d'écrire à JPG 95478 FOSSES Cedex.

MODELLANWORTEN

Steiner

1. Le prix indiqué dans la commande ne correspond pas au prix de € 112,– indiqué dans la confirmation. La question d'assurance n'est pas conforme non plus. Steiner confirme que Dartidom doit couvrir l'assurance. Dans la commande le client indique le contraire.

Hassan & Fils

1. Ils n'ont pas la quantité de cuir nécessaire pour la production de la totalité de la commande. Ils ont dû refuser une livraison de cuir à cause de la qualité médiocre.
2. Ils proposent la livraison d'une partie pour la présentation au Salon du Cuir.
3. Le Salon du Cuir ouvre ses portes bientôt et les articles prévus pour l'exposition doivent arriver avant. Le seul – et coûteux – moyen de transport reste dans ce cas l'avion car il sera assez rapide.

Monteverde

1. Non, pas entièrement car leurs stocks sont presque épuisés.
2. Galeries Précieuses ont probablement posé les questions suivantes:
   a) Quel est le prix du modèle »Salvador Dalí« quant pourra-t-il être livré.
   b) Quel est le délai de livraison pour le modèle »Mozart«.
   c) Pouvez-vous livrer le modèle »Leonard Bernstein« tout de suite?
   d) Pouvez-vous livrer immédiatement une certaine quantité des modèles »New Generation« et »Friedrich Schiller«?
   e) Faut-il s'attendre à une augmentation de prix – vu le prix de l'or?
3. Le coût de la main d'oeuvre a augmenté et 85 % de la fabrication se fait à la main.

Traveltex

1. Traveltex a soumis une offre accompagnée d'échantillons à base de 6.000 couvertures. Aviaconfort a demandé une réduction de la quantité minimum à 3.000, une modification des conditions de paiement et exigé livraison dans un délai fixé.
   Traveltex est prêt à réduire la quantité à 5.000 et accepte les conditions de paiement exigées. En plus, T. fera deux livraisons partielles, la seconde 4 semaines plus tard que la première, et facturation séparée.
2. T. n'a pas accepté la réduction de la quantité minimum par commande et essaie de faciliter la décision par une solution qui permettra au client de payer en deux fois. Traveltex aura des frais de transport plus élevés à cause des deux tranches et devra attendre le paiement de la totalité de la commande. Ceci correspond à un crédit car la marchandise a déjà été fabriquée et une livraison de la totalité aurait été plus avantageuse pour le fabricant car il aurait reçu son argent plus tôt.
   Il accepte toutes ces concession pour ne pas perdre l'affaire.

Wollweber GmbH

1. Wollweber GmbH connaissent bien le marché et savent que la bonne qualité a son prix. La maison connaît bien les normes de sécurité de l'aviation civile et doit être convaincu qu' Aviaconfort les connaît aussi. En plus, ils doivent être convaincus que Traveltex leur passera la commande malgré la différence de prix à cause de la qualité supérieure et le bon rapport qualité/prix.
2. Wollweber GmbH sont conscients qu'il s'agit d'une affaire qui peut mener à des relations d'affaires sur un long terme et essaient de gagner dans l'affaire.

EXERCICES DE VOCABULAIRE ET DE GRAMMAIRE

1. Quel est l'intrus?

1. comme toujours
2. ont été emballées
3. d'une qualité excellente
4. être de
5. les frais de traduction
6. en bon état
7. être fatigué
8. deuxième
9. le virement
10. le retard

2. Quel mot manque-t-il?

1. totalité / prévu
2. instructions
3. d'ici
4. probablement / à destination
5. ci-joint / en triple exemplaire
6. en mesure de/ livraison partielle
7. patienter
8. en considération / techniques
9. emballés
10. cartons
11. sûrs / à temps

3. Trouvez un ou plusieurs synonymes pour

1. la modification / la transformation
2. l'ensemble(m) / le tout
3. correspondant à / selon / d'après
4. le travail artisanal
5. accorder

4. Révision du futur

1. enverrons, 2. serons; 3. fournirai, 4. j'expédierai, 5. trouverez, 6. aurez, 7. remettront, 8. suivrons, 9. embarqueront, 10. spécifierons, 11. resteront, 12. facturerons, 13. seront expédiées, 14. parviendra 15. faciliteront 16. livrerons, 17. augmenterons, 18. sera effectué 19. ferons parvenir 20. atteindra

5. Révision des pronoms personnels et adverbes pronominaux

1. Nous vous en remercions.
2. Nous vous le confirmons.
3. Vous lui en avez passé une .
4. Il n'y est plus.
5. Nous les avons livrées hier.
6. Nous le leur avons proposé.
7. Nous n'en avons plus à ce prix.
8. Elle y arrivera après-demain.
9. En ce qui le concerne
10. Nous aimerions en discuter avec vous.
11. Ils sont presque épuisés.
12. Nous l'y livrerons directement.
13. Elles en ont besoin de deux.
14. Elle travaille avec elle.
15. L'avez-vous modifiée?

6. Révision des pronoms relatifs

1: que, 2: dont, 3: auquel, 4: qui, 5: qui / avec laquelle 6: à qui

LE GERONDIF

7. Reliez les 2 phrases par un gérondif.

1. En modifiant nos conditions à votre avantage, nous espérons vous satisfaire.
2. En vous envoyant ...
3. En enregistrant ...
4. En achetant ...
5. En exécutant ...
6. En vérifiant ...
7. En passant ...
8. En baissant ...
9. En déduisant ...
10. en suivant ...
11. En cherchant ...
12. En attendant ...
13. en remplissant ...
14. En payant ...
15. En exécutant

8. Complétez la lettre!

confiance – exécuter – stipulés – coût – matière – principal – haute – d'oeuvre – résistance – contraints – maintenir – valables – selon – consentirons – vue – situation – mieux

Kapitel 4 – EXERCICES DE RÉDACTION – Gestaltungshinweise

Brief B 1
auf Bügeln = sur cintres
vom Rechnungsbetrag abziehen = déduire du montant de la facture
ausnahmsweise = à titre exceptionnel

Brief B 2
geänderte Auftragsbestätigung = confirmation de commande modifiée
positiv verlaufen = hier: avoir un résultat positif

Brief B 3
nicht mehr auf Lager sein = ne plus être en stock
ähnlich = semblable, analogue

Brief B 4
Preis-Leistungs-Verhältnis = le rapport qualité – prix
entgegenkommen = être agréable à qn (ex.: pour vous être agéable)
Zahlungserleichterungen = des facilités de paiement

Brief B5
wegen eines Streiks in Verzug sein = avoir du retard à cause d'une grève
Zulieferer = le fournisseur
damit keine Zeit verloren geht =/pour ne pas perdre de temps
für eine Situation Verständnis haben = comprendre une situation

Brief B7
Briefbogen = la feuille de papier à lettres
großes « C » = un C majuscule
überschreiten = dépasser
unverändert = inchangé, -e

EXERCICES DE TRADUCTION

(1) Ordre no. 101/2276 – Mouchoirs en papier

Mesdames, Messieurs,
Nous vous remercions de votre ordre que vous avez passé à notre représentant lors de sa visite et nous vous livrerons selon vos instructions :
12.000 boîtes de 100 mouchoirs en double épaisseur, coloris : rose, imprimés (les mouchoirs) avec votre logo, boîtes rectangulaires avec fenêtre transparente.

Prix : € 2,– par boîte, les frais techniques de € 1.000,– sont en supplément pour le premier ordre, départ usine Angers.

Délai de livraison : 6 semaines

Paiement : à 30 jours net après la date de la facture par virement bancaire.

Un avis d'expédition vous parviendra à temps. Veuillez nous faire savoir à quel transporteur nous devons remettre la marchandise. Nous vous en remercions vivement.

Veuillez agréer, Mesdames, Messieurs, ...

(2) Objet : Votre commande no 245/B

Mesdames, Messieurs,

Nous vous remercions de votre ordre, que nous n'avons reçu qu'aujourd'hui, à cause de la grève.

Malheureusement nous ne pouvons pas exécuter l'ordre d'après les conditions que vous avez indiquées, parce qu'elles ne correspondent pas exactement à notre offre, et parce que vous avez – semble-t-il – confondu le numéro de certains articles.

L'article no. 23 est livré uniquement dans les coloris « Vin Rouge », « Scarlett » et « Mandarine ». Vous avez indiqué ces coloris pour l'article no. 103. Mais l'article no. 103 n'existe que dans le coloris « Azur ».

Nos conditions de paiement pour un ordre initial sont comme suit : 10 jours après la date de facturation avec 2 % d'escompte ou à 30 jours net. Par la suite nous accepterons d'autres conditions de paiement.

A cause de la grève, nous ne pourrons pas respecter le délai de livraison indiqué de 15 jours. Mais nous pourrons déjà livrer dans 20 jours environ.

Les marchandises peuvent être livrées- selon votre désir – emballées dans 10 caisses. Veuillez nous donner le nom de votre transitaire pour que nous puissions prendre contact à temps avec lui.

Nous espérons que vous êtes intéressés par une collaboration et que vous pouvez nous envoyer le plus rapidement possible un bon de commande rectifié. Pour que nous puissions exécuter de suite votre ordre veuillez, si possible, nous téléphoner immédiatement et prendre contact avec Madame Dome.

Veuillez agréer, Mesdames, Messieurs, ...

(3)

Madame, Monsieur,

Nous vous remercions de votre ordre du 10 ct que nous venons de recevoir.

Malheureusement, nous ne pouvons l'exécuter parce que nous ne fabriquons plus le modèle « Xénus ». Nous vous proposons à sa place le modèle « Olymp ». Ce modèle est d'une qualité supérieure au modèle « Xénus » et normalement (de ce fait) plus cher. Pour vous rendre service, nous sommes prêts à vous le livrer au même prix. En outre, nous pouvons livrer ce modèle immédiatement.

Mais nous ne pouvons pas accepter les conditions de paiement modifiées dans votre ordre. Comme il s'agit d'un ordre initial, nous vous prions d'ouvrir un accréditif. Par la suite, nous serons disposés à vous accorder des conditions de paiement plus favorables, à condition que vos ordres dépassent une valeur de € 6.000,–. Nous avions mentionné dans notre offre une quantité minimum à commander de 150 pièces. Nous vous prions de rectifier la commande. Nous ne sommes pas en mesure de livrer 90 pièces du modèle « Olymp » à ce prix parce que les frais de transport sont très élevés.

Allô affaires – Handelsfranzösisch (Lösungsbuch) © FELDHAUS VERLAG, Hamburg

Nous sommes sûrs que ce produit se vendra très bien. Nous exportons déjà de grandes quantités aux Etats Unis où la concurrence est très forte.

En ce qui concerne les autres modèles mentionnés dans votre ordre, nous ferons tout pour vous les livrer à la même date que le modèle « Olymp ».

Nous espérons que vous accepterez nos arguments et que vous nous enverrez rapidement votre ordre rectifié.

Veuillez agréer, Madame, Monsieur, nos salutations distinguées.

(4) Votre ordre no. 09112 – Sacs à main et sacs à dos

Mesdames, Messieurs,

Nous avons lu attentivement les arguments exposés dans votre télécopie (fax) du 10 ct. Malheureusement nous ne pouvons accepter la modification de nos conditions de vente. Nous connaissons très bien le marché et savons que nos concurrents vendent à bas prix. Pourtant, nous sommes convaincus que la qualité de nos produits justifie les prix. Nous n'utilisons jamais de matériau de qualité moindre et vous savez que les prix du cuir ont augmenté. Notre but primordial est de fabriquer des sacs à main et à dos de qualité supérieure. Les frais pour la main d'oeuvre sont plus élevés que l'année dernière. C'est pourquoi nous avons dû augmenter nos prix de 6 %.

Pourtant, afin de vous rendre service, nous sommes disposés à accepter une traite à 60 jours de vue et à réduire la quantité minimum à commander à 50 pièces par modèle. Les conditions de livraison restent inchangées, départ usine Marrakech.

Nous espérons que le (léger) changement des conditions de vente facilitera votre décision et vous prions de nous envoyer un nouveau bon de commande.

Vous pouvez être sûrs que nous ferons de notre mieux pour vous satisfaire.

Veuillez agréer, Mesdames, Messieurs, ...

Kapitel 4 – VERSION

Der Wein in Frankreich

Frankreich ist das Land der großen Weine. Die Weinberge sind heute über 1,1 Millionen Hektar (gegenüber 2,5 Millionen Hektar im 19. Jahrhundert) verbreitet, verteilt auf 50 Departements und wird von 430.000 Nutzern unterhalten.

Zwei Drittel der Weingüter haben weniger als 1 Hektar. Mit seinen ungefähr 70 Millionen Hektolitern liegt Frankreich nach Italien auf dem zweiten Rang.

Zwei Drittel der Produktion sind gewöhnliche Tischweine, die meistens aus dem Languedoc kommen.

Die Kommerzialisierung dieser Weine macht große Schwierigkeiten, da der inländische Verbrauch (89 Liter pro Bewohner und Jahr) sinkt. Die Produktion ist oft überschüssig und führt die Weinbauern zu harten Demonstrationen.

Die Weine höherer Qualität (VDQS) und vor allem die Weine kontrollierter Herkunft kommen aus festgelegten Gebieten (z. B. aus der Champagne, den Loiretal, der Region um Bordeaux und der Bourgogne oder dem Rhonetal). Sie repräsentieren 22,3 Millionen Hektoliter.

Andere Rebsorten liefern hauptsächlich Champagner oder Produkte, die für die Weinbrennerei bestimmt sind, wie die von Cognac und Armagnac.

Die Kunst des Cognac

Der Cognac ist eine verfeinerte Spirituose, geboren aus der Destillation der Weine der Charentes. Diese Weine kommen von 80.000 Hektar Weinstöcken, die in einer genau abgegrenzten Region von Südost-Frankreich wachsen. Die Weinernte und die Destillation werden obligatorisch im Ursprungsgebiet vorgenommen. Der Cognac ist ein natürliches Produkt, das durch die Destillation von Weißweinen der Charente entsteht.
Die Destillation des Cognac ist gesetzlich geregelt. Doch trotz alledem ist das System ausreichend durchlässig, um unterschiedliche Stile und Geschmacksrichtung jeder Firma zuzulassen.
Der hergestellte Branntwein ist eine farblose Flüssigkeit mit starkem Duft und einem Alkoholgehalt von etwa 70 %.
Nach der Destillation wird der Cognac in Eichenfässer gefüllt. Mit der Zeit verliert der Cognac an Volumen und Alkoholgehalt. Er verbleibt manchmal 50 bis 60 Jahre im Fass. Die Firma Martell besitzt eines der größten Lager an altem Cognac der Welt, wovon der älteste aus dem Jahre 1830 stammt.
Es sind die höherwertigen Cognacs, die die Kundschaft der »Duty free«-Läden und der wachsenden Märkte (die chinesischen Länder und die Zentraleuropas) am meisten verführen.

Dictée

Objet : Votre commande no. 320 – Montres en or
Madame, Monsieur,
Nous vous remercions de la confiance témoignée par votre commande du 16 ct.
Malheureusement, nous ne pouvons pas l'exécuter aux prix et conditions stipulés dans votre bon de commande car, entre-temps, non seulement les salaires mais aussi les prix de la matière utilisée ont considérablement augmenté.
Etant donné que notre but principal est de garantir la haute qualité de nos produits, basée sur une main d'œuvre qualifiée et une matière de base excellente, nous ne voyons aucune possibilité de compenser ces frais supplémentaires et sommes obligés de majorer nos prix de 11 %.
C'est la raison pour laquelle nous ne pouvons plus maintenir les prix de notre offre qui, d'ailleurs, étaient valables jusqu'au 31 décembre de l'année dernière.
Nous devons vous prier de modifier votre commande selon la nouvelle liste de prix que nous joignons à cette lettre. Afin de vous rendre service, nous consentirons – à titre exceptionnel – à ce que vous payiez par traite à 60 jours de date au lieu des 30 jours habituels.
Nous espérons que vous comprendrez notre situation. Soyez assurés que nous ferons de notre mieux pour vous satisfaire.
Veuillez agréer, Madame, Monsieur, nos salutations les plus distinguées.

Dictée

Mesdames, Messieurs,
Nous avons reçu aujourd'hui votre commande et nous vous en remercions. Malheureusement nous devons vous informer que nous ne sommes actuellement pas en mesure de vous livrer les **maillots de bain.** Ils seront livrables seulement dans 4 semaines.
C'est pourquoi nous vous soumettons la proposition suivante :
en remplacement de ces maillots nous vous offrons les maillots d'une autre marque. Leur qualité est semblable à la qualité des maillots que vous avez commandés. Elle est même supérieure et nous vous envoyons aujourd'hui quelques échantillons, dans l'espoir que vous serez convaincus.
Si vous êtes d'accord, nous pourrons vous envoyer (tout de suite) immédiatement cette marchandise. La saison commence et il fait très beau actuellement. Nous pensons que ces articles sont très demandés et que vous pourrez les vendre immédiatement.
Nous pourrons vous expédier les maillots en régime accéléré par le train sans frais supplémentaires.
Nous ferons tout notre possible pour vous satisfaire à l'avenir et espérons que vous accepterez notre proposition.
Nous attendons votre réponse par retour du courrier et vous prions d'agréer, Mesdames, Messieurs, nos salutations distinguées.

Dictée
Maillots et serviettes

Madame,
Nous venons de recevoir votre ordre du 24 mars concernant
1.000 maillots de bain, modèle « Brigitte », taille 36 à 42 à € 40,– (la) pièce,
1.500 serviettes de bain, modèle « Rio » en coton à € 22,– (la) pièce
et vous en remercions.
Nous sommes heureux de vous informer que nous avons commencé l'exécution de votre ordre et nous avons remis 20 cartons au transporteur Danzas. Vous recevrez cet envoi dans 3 jours, donc plus tôt que promis.
Mais, malheureusement, il ne nous est pas possible de livrer les serviettes à la date convenue parce que notre stock est épuisé et nous pourrons vous les envoyer seulement dans un mois.
Nous savons que ce retard vous posera de gros problèmes et nous vous proposons de réduire le prix des serviettes de 10 % et de vous les envoyer en régime accéléré, à nos frais, ou de vous livrer immédiatement le modèle « Porto » au même prix, car nous l'avons en stock.
Nous vous prions de nous excuser, et de nous communiquer votre décision rapidement.
Nous vous remercions à l'avance de votre compréhension et vous prions d'agréer, Madame, ...

Dictée
Stylos

Mesdames, Messieurs,
Nous vous remercions de votre ordre du 28 écoulé portant sur 1.000 stylos, modèle « St Malo » à € 3,– la pièce. Malheureusement, nous ne produisons plus ce modèle depuis 6 mois parce qu'il est peu demandé.
En remplacement, nous vous proposons des stylos plus modernes et d'une qualité supérieure.
Nous vous faisons parvenir par le même courrier des échantillons dans les différentes couleurs et des informations sur nos articles.
Ces stylos se vendent déjà très bien dans notre pays. Nous les avions présentés à la dernière foire de Hanovre. Si vous êtes intéressés par ces modèles, nous vous recommandons de passer bientôt votre commande parce qu'ils sont très demandés.
Si vous commandez dans les 8 jours, nous vous les vendrons au même prix que le modèle « St Malo ». Sinon, le prix unitaire sera de € 3,50 la pièce.
Nous livrons la marchandise dans des cartons de 500 pièces franco domicile. Si vous payez dans les 10 jours vous obtiendrez un escompte de 2 %.
Nous espérons que vous accepterez cette proposition et ferons, à l'avenir, tout notre possible pour vous satisfaire.
Dans l'attente de votre réponse, nous vous prions d'agréer, Mesdames, Messieurs, ...

MODELLANWORTEN

Scriptstore

1. La marchandise n'est pas arrivée à temps. Le client a réclamé il y a dix jours par téléphone – sans résultat. Il se voit menacé par des réclamations que feront ses propres clients.
2. Le ton reste poli mais sévère. On se rend compte que Scriptstore est en difficultés à cause du retard.

Kaufhort AG

1. Le fabricant avait confirmé livraison sur cintres. Le repassage des robes prendra du temps et coûtera de l'argent. Ce retard entraînera peut-être d'autres difficultés car il s'agit d'un article saisonnier qui doit être présenté dans les vitrines à une certaine période.
2. a) Le fournisseur devra respecter plus rigoureusement les conditions de livraison. S'il ne veut pas perdre son client il devra assumer la responsabilité et rembourser les frais supplémentaires occasionnés par le repassage.
   b) Le client avait déjà payé la marchandise. Il dépend donc de la bonne volonté du fournisseur que la somme réclamée lui soit remboursée. Le ton de la lettre laisse croire que les relations entre les deux entreprises sont bonnes car le client reste calme.

Schlumberger GmbH

1. Il a déjà réclamé une fois et les deux parties avaient fixé un dernier délai.
2. Schlumberger a besoin des tondeuses maintenant – pendant la période où l'herbe pousse. Plus tard, les clients se seront approvisionnés ailleurs. Ils perdraient beaucoup de clients et leur chiffre d'affaires baisserait. Jardin & Cie. aura un dédommagement à payer et perdra certainement un de ses meilleurs clients.
3. Il a réclamé deux fois sans que le fournisseur ait réagi de façon satisfaisante. Le fournisseur se trouve en infraction avec les conditions du contrat de vente.

Schlemmereck

1. Quelques caisses sont humides – leur contenu aussi probablement.
2. L'assortiment »Délices de Bruxelles« n'est pas conforme.
3. Il demande une réduction de prix pour pouvoir écouler la marchandise et pour éviter des frais de transport supplémentaires. Il demande un remplacement des caisses endommagées.

Galeries Précieuses

1. La marchandise est mal emballée, il y a du jeu entre les différentes pièces; le transporteur ne place pas correctement les caisses qui contiennent la marchandise; il y a du jeu à l'intérieur du camion, les caisses subissent des chocs pendant le chargement, le transbordement ou le voyage.

2. Le ton est neutre et poli, l'expéditeur de la lettre semble gêné. L'affaire lui semble peu agréable. Les relations d'affaires doivent être bonnes et se dérouler dans une ambiance de confiance.
3. La porcelaine est destinée à une vente spéciale pour la fête des mères.

Wörtz Schuhhäuser

1. Un colorant contient une matière cancérigène – interdite depuis 2000.
2. Wörtz se voit menacé par une campagne de presse qui pourrait nuire à la bonne réputation de la maison.
3. Le client reste objectif et calme parce que son fournisseur livre des chaussures depuis longtemps. Il s'agit donc d'une relation d'affaires de longue date et ceci est apparemment la première fois que Wörtz doit formuler une sérieuse réclamation.

Compuservice

Un bon client de Compuservice a de sérieux problèmes avec un ordinateur qui ne peuvent pas être résolus sur place. Compuservice n'a plus le même système en réserve et remplace le système défectueux par un autre qui fonctionne apparemment. Le client veut garder le système qui est plus cher sans vouloir payer la différence de prix. De plus, Compuservice risque de perdre une commande de ce client s'il ne consent pas à céder aux exigences de celui-ci. Compuservice essaie de convaincre le fournisseur SIBAG de partager les pertes pour sauver l'affaire.

EXERCICES DE VOCABULAIRE ET DE GRAMMAIRE

2. Phrases à reconstituer

1f ; 2c ; 3d ; 4a ; 5b

3. Cherchez l'intrus!

1. détérioré – endommagé – **désolé** – avarié
2. négligent – **insolent** – insuffisant – défectueux
3. incomplet – inutilisable – **injustifié** – inacceptable
4. fêlé – déformé – décollé – **calé**
5. incompréhensible – **inflammable** – incroyable – inimaginable
6. **inexacte** – difficile – délicate – embarrassante
7. la détérioration – la dégradation – les dégâts – **la perte**

4. Formez des phrases entières

1c ; 2d ; 3f ; 4e ; 5b ; 6g ; 7a ; 8h

5. Mettez à la forme négative

1. Non, vous n'avez pas respecté le délai de livraison.
2. Non, vous n'avez pas envoyé de machine en parfait état.

3. Non, personne ne s'est occupé d'un emballage spécial.
4. Non, ils n'ont pas vérifié l'état des caisses avant le départ.
5. Non, nous n'avons pas encore eu de problèmes avec cet appareil.
6. Non, rien n'était brisé.
7. Non, nous n'avions pas protégé le tissu de l'humidité non plus.
8. Non, elles ne peuvent plus se vendre.
9. ... nous n'avons reçu ni confirmation de commande ni avis d'expédition.
10. ... nous non.
11. et nous non plus.
12. Personne ne le connaît.
13. Il n'y a même pas d'expert qui pourrait constater les dégâts.
14. Il n'y avait de taches nulle part.
15. Non, nous n'avons rien réclamé à notre fournisseur.
16. Non, elles ne sont pas endommagées non plus.
17. Non, nous ne sommes pas du tout satisfaits.
18. Non, il n'a ni téléphoné ni écrit.

6. Formulez des phrases

1. Pour nous, il est absolument nécessaire que les marchandises soient conformes à nos ordres.
2. Je regrette de devoir vous signaler un retard de 10 jours.
3. Il faut livrer les marchandises promptement.
4. Nous vous demandons de nous accorder une remise de 10 %
5. Nous aimerions dorénavant recevoir les marchandises en bon état.
6. Nous sommes désolés d'avoir reçu 3 paquets endommagés.
7. Nous espérons que vous nous rembourserez les pièces défectueuses.
8. Veuillez nous faire savoir si vous nous accorderez un rabais.
9. Nous vous prions de nous rembourser les frais de transport.
10. Nous souhaitons payer les frais causés par ...
11. Nous insistons sur le fait que le dommage est dû à une manutention négligée.
12. J'ai constaté le bien-fondé de votre réclamation.

7. Mettez le verbe qui convient

1. En procédant / nous avons constaté
2. garder (conserver) / vous accordiez
3. contacter   *joindre*
4. remplacer
5. d'établir
6. garder (conserver)
7. déduire (soustraire)
8. commis
9. consentiez
10. s'est glissée
11. suggère
12. admettre
13. reconnaîtrez

4. M. 2004
Skilauf das Deutschland-Symbol
Biatlon im Fernsehen ohne
Gold.

siehe Allens Buch Wörterbuch

8. Mettez l'adjectif qui convient

1. Dans chaque cagette, il y avait au moins 10 à 15 fruits pourris.
2. Vos gâteaux sont tous arrivés en miettes. Ils étaient très mal emballés.
3. La première étagère en pin de chaque paquet a été endommagée. Elle est rayée, donc-invendable.
4. Vos tissus devaient arriver dans des caisses appropriées. Ils étaient seulement dans des sachets en plastique et sont complètement froissés.
5. Les soucoupes de vos services à café étaient mal calées dans le carton. Elles sont brisées.
6. En plus, le bord de plusieurs assiettes plates est ébréché.
7. Vos couvertures n'étaient pas dans des caisses appropriées au transport maritime. Elles nous sont arrivées mouillées, certaines étaient même tachées.
8. Les couleurs de vos serviettes ne correspondent pas à celles de vos échantillons, elles sont toutes délavées.
9. Vos notices de montage sont illisibles.
10. Nous venons de déguster votre vin. Il est aigre (sauer), donc imbuvable.
11. L'emballage des croissants n'était pas assez solide. Les croissants étaient écrasés, donc invendables.
12. Le gruyère râpé (gerieben) était tout moisi, car l'emballage sous vide était défectueux.
13. Vos pizzas sont tellement salées qu'elles sont immangeables.

9. Différence entre bon / bien, mauvais / mal

1. La présentation de ces articles est bonne / mauvaise.
2. Ils sont bien / mal présentés.
3. La qualité de ce produit est de moins en moins bonne / mauvaise.
4. Nous vendons cet appareil de moins en moins bien.
5. Le service après-vente fonctionne très bien / mal.
6. Cette machine se vend bien / mal.
7. Ce sont de très bons / mauvais clients.
8. Je les comprends bien / mal.
9. Nous avons de bonnes / mauvaises relations avec l'étranger.
10. Ils gèrent bien / mal leurs filiales.

LE PLUS-QUE-PARFAIT

10. Formez des phrases au plus-que-parfait

1. Vous aviez promis que ...
2. Nous avions interdit que ...
3. Ils avaient commandé ...
4. J'avais fait ...
5. Votre représentant nous avait rendu ...
6. Vous aviez mal emballé ...
7. Nous avions dû confondre ...
8. Vous n'aviez pas rempli ...
9. Elles étaient mal calées ...
10. Le liquide s'était répandu ...

11. Les colis ne nous étaient pas parvenus ...
12. Vous n'aviez pas tenu ...
13. Ils avaient répondu ...
14. Nous avions déduit ...
15. Nous avions convenu ...
16. Il s'était avéré ...
17. Nous avions fait parvenir ...
18. Vous aviez reconnu ...
19. Ils avaient admis ...
20. Nous avions joint ...

11. Phrases hypothétiques

1. vous aviez emballé / ne serait pas arrivé
2. nous avions su / nous aurions annulé
3. nous aurions accepté / vous aviez livré
4. nous aurions pu nous renseigner / vous nous aviez contacté
5. vous vous étiez mieux informés / ne se serait pas produite
6. ne seraient pas endommagées / vous aviez vérifié
7. vous aviez exécuté / vous auriez remarqué
8. vous aviez respecté / nous n'aurions pas eu
9. avait été exécutée / nous ne serions pas obligés
10. avait été mieux emballée / elle aurait résisté

LE PASSIF

12. Mettez les phrases à la forme passive

1. La marchandise a été envoyée trop tard par le vendeur.
2. L'ordre n'avait pas été exécuté à la date prévue par l'expéditeur.
3. La livraison n'a pas été contrôlée par le chef du service.
4. Le bulletin de constatation des dégâts sera envoyé par notre secrétaire.
5. Les machines sont renvoyées par le client.
6. Plus aucun ordre ne sera passé.
7. Une indemnité immédiate est exigée.
8. Ces machines ne peuvent être vendues qu'à un prix réduit.
9. Les pièces endommagées doivent être remplacées sans délai.
10. Des offres très intéressantes étaient proposées par cette firme.
11. Les pièces endommagées avaient été mises à votre disposition.
12. La commande sera annulée.
13. L'envoi doit être mieux contrôlé par le fournisseur.
14. Nos instructions ont été communiquées par notre secrétaire.
15. La facture ne sera pas payée avant le dédommagement.
16. Nous pensions que cette commande aurait été exécutée avec plus de soin.
17. Une erreur a été commise par le transporteur.
18. Ces articles avaient été endommagés par l'humidité.
19. Les frais supplémentaires doivent nous être remboursés par l'expéditeur.
20. La réclamation du client sera formulée par lettre recommandée.

13. Traduisez et faites des phrases avec ces expressions

1. Nach Überprüfung der Sendung ... : Après avoir contrôlé l'envoi ...
2. Nach dem Öffnen der Kartons ... : Après avoir ouvert les cartons ...
3. Nach dem Auspacken der Waren ... : Après avoir déballé les marchandises ...
4. Nach Erhalt Ihrer Artikel ... : Après avoir reçu vos articles ...
5. Nach Feststellung des Schadens ... : Après avoir constaté le dommage / les dégâts ...

14. Replacez les mots suivants dans le texte:

déception – correspond – en magasin – vendeur – contrat – identique – non-conformité – refusez – simplement – mentionnant – bon de livraison – absent – découvriez – lettre recommandée – livre

15. Cette réclamation est en désordre!

1c, 2f, 3b, 4a, 5d, 6e

16. Mettez le temps convenable

1. aviez acheté / avez acheté
2. avait fixé / a fixé; n'a pas respectée; repousse
3. vaut; pouvez; livre; fixerez
4. annulez; avez / aviez passée; rembourse / remboursera

EXERCICES DE REDACTION ET DE TRADUCTION
Un peu d'ordre, s'il vous plaît!

10 – 11 – 7 – 2 – 5 – 12 – 8 – 4 – 9 – 3 – 1 – 6

EXERCICES DE REDACTION – Gestaltungshinweise

1. Aviaconfort
Hochsaison im Reiseverkehr = la haute saison des voyages

2. Schlumberger
Gartensaison = la saison du jardinage

4. Dartidom
falsch geliefert = les appareils qui ne correspondent pas à la commande
Falschlieferung = la livraison non conforme
langjährige Geschäftsverbindung = les relations (f) d'affaires de longue date

5. Galeries Précieuses
Rabatt, der fällig ist = la remise convenue
Buchhaltungsabteilung = le service (de) comptabilité

EXERCICES DE TRADUCTION

(1)

Objet
Notre commande no. 34B du 26.03 ...
Votre confirmation de commande du 28.03 ...
Mesdames, Messieurs,
Lorsque nous vous avions passé notre ordre, nous vous avions expressément signalé que le respect du délai de livraison était très important pour nous. Vous aviez confirmé la livraison des marchandises jusqu'au 10 avril. Malheureusement nous n'avons reçu jusqu'à ce jour ni marchandise ni avis d'expédition.
C'est pourquoi nous vous prions de nous donner immédiatement par fax une explication pour le non-respect du délai de livraison et de nous communiquer quand la marchandise arrivera. Sinon, nous nous voyons obligés d'annuler cet ordre et de nous approvisionner ailleurs. Nous serions obligés de / nous devrons / vous rendre responsables de toutes les pertes subies.
Pourtant, nous pensons que vous êtes intéressés par d'autres relations d'affaires avec nous et que vous livrerez la marchandise jusqu'au 16 avril, au plus tard. Nous ne pourrions pas accepter d'autre retard de livraison car il nous mettrait dans une situation délicate vis à vis des grands magasins auxquels nous avions promis une prompte livraison.
Nous espérons que vous réglerez cette affaire à notre satisfaction réciproque / mutuelle.
Veuillez agréer, ...

(2)

Objet
Notre ordre no. B 45 – 1001 du 16 février ... Fleurs artificielles
Madame, Monsieur,
Ce matin le transporteur Schenker & Co. nous a remis l'envoi qui correspond à l'ordre cité ci-dessus. Vous aviez promis de livrer jusqu'au 30 mars ... au plus tard, c'est à dire que la marchandise est arrivée avec 10 jours de retard.
Ce fait nous met dans une situation difficile parce que nous avions déjà vendu les fleurs à quelques grands magasins qui en avaient besoin pour leurs vitrines. Certaines maisons nous ont déjà menacés de s'approvisionner ailleurs si nous ne livrons pas jusqu'au 8 avril. Nous ne savons donc pas si les acheteurs accepteront encore la marchandise.
Comme nous avions téléphoné plusieurs fois à votre représentant, M. Fleuriste, et l'avions informé de la situation, nous nous voyons donc dans l'obligation de vous rendre responsables du dommage.
Nous sommes prêts à garder la marchandise, si vous nous accordez un rabais de 30 %. Sinon, nous serons obligés de renvoyer une partie de la marchandise à vos frais et de réduire de la facture la différence pour nos pertes et la marchandise renvoyée.
Nous espérons que vous nous accorderez les 30 % pour éviter d'autres complications.
Nous attendons votre appel et vous prions d'agréer, ...

(3)

Objet
Ordre no. 3089 du 22 novembre – confiture de cerises
Mesdames, Messieurs,
Votre transporteur, la firme Frigovite S. A. , vient de nous livrer 40 cartons de confiture de cerises. En déchargeant nous avons dû constater que 3 cartons étaient humides. Lorsque nous avons ouvert ces 3 cartons nous avons remarqué qu'une grande partie des verres étaient cassés. En plus, les étiquettes manquaient sur le reste des verres dans ces cartons. Nous avons aussi ouvert les autres cartons et constaté que 43 verres étaient ouverts et que leur contenu était moisi.
Vous recevez ci-joint une copie de la constatation des dégâts signée par le conducteur du camion. Veuillez nous faire un avoir pour les verres endommagés et invendables. Nous n'avons pas besoin de livraison de remplacement pour l'instant.
A notre avis, le dommage est dû en partie à un emballage inadéquat et à une manipulation négligée pendant le transport. Comme il s'agit de notre première réclamation, nous pensons que vous ferez tout votre possible pour qu' une telle chose (un tel incident) ne se reproduise pas.
Veuillez agréer, ...

Kapitel 6 – VERSION

Die Hauptstadt der Parfums

Grasse liegt 17 km vom Mittelmeer entfernt. In den kalkreichen Höhen von Grasse liegt das Reich des Lavendels und der aromatischen Kräuter. Blumenfelder bedecken die großen Flächen im Tal. Grasse gehört zum großen Blumenzuchtgebiet zwischen Toulon und Menton, welches 8.000 Blumenanbauunternehmen zählt, die in die ganze Welt exportieren und vor allem nach Paris.
Seit dem Mittelalter ist Grasse durch die Anwesenheit reicher Kaufleute, zahlreicher Handwerker, hauptsächlich Gerber, ein wichtiger wirtschaftlicher Mittelpunkt, der in ganz Europa bekannt ist. Die Mode der parfumierten Leder, insbesondere der Handschuhe, und die duftenden Pflanzenkulturen begünstigen den Aufstieg der Parfumindustrie von Grasse.
Heutzutage kommen zu den Parfums und Seifen die Essenzen für Kosmetika und Nahrungsmittelaromen hinzu. Die Industrie hört nicht auf zu wachsen und dient der ganzen Stadt und den anliegenden Dörfern als Lebensgrundlage.
Drei Viertel der in der Welt verkauften Parfums sind auf der Grundlage von Essenzen, die aus Grasse kommen, hergestellt worden.
Jedes Jahr werden 4 t Rosenblätter, 500 t Orangenblütenblätter und immer noch größere Mengen Lavendels, Jasmins und Mimosen geerntet und in den 25 großen Parfumfabriken, die man besichtigen kann, weiterverarbeitet.

Die französische Schokolade

Das Geheimnis der Schokoladenherstellung in Frankreich wurde durch spanische Juden, die vor der Inquisition flüchteten, enthüllt.
Im Jahre 1609 siedeln sich die ersten Schokoladenhersteller im französischen Baskenland an. Bis zur Revolution bleibt die Schokolade ein den Adligen vorbehaltenes Luxusprodukt.

Am Ende des 17. Jahrhunderts führen die Engländer die Mechanisierung in der Herstellung der Schokolade ein.

In der Schweiz wird die erste Schokoladenfabrik von François Caillet gegründet, 1842 gründet Philippe Suchard die seine in Neuchâtel. Später werden Lindt, Tobler und Nestlé die Geschichte der Schokolade beeinflussen.

In Frankreich hat Meunier die Herstellung von Schokoladen und Pralinen in seinem Unternehmen, das Medikamente herstellte (mit Schokolade umhüllt), industrialisiert. Er hat ebenfalls eine vollständige Kontrolle über den Weg des Kakaos geschaffen, hat Plantagen in Nicaragua gekauft und seine eigene Handelsflotte gegründet. Zu Beginn des 20. Jahrhunderts, haben seine Nachfolger eine mächtige Werbestrategie entwickelt, die diese Marke bis heute populär gemacht hat.

In Europa wächst der jährliche Schokoladenkonsum ständig. Die nordischen Länder sind die größten Konsumenten. Die Amerikaner essen 5 kg Schokolade pro Jahr während die Japaner sich mit 1,7 kg begnügen.

Heutzutage ist die Schokolade eine richtige Industrie. Ihre wichtigsten Akteure in Frankreich sind Nestlé und Ferrero France.

Die Elfenbeinküste ist der weltgrößte Kakaobohnenproduzent, Afrika vertritt mehr als 60 % der Weltproduktion.

Das »Maison du Chocolat« mit seinen Verkäufsflächen in Paris und New York ist heute Referenz Nummer 1 für die französische Schokolade.

Einige nützliche Ratschläge:

- Die optimale Konservierungstemperatur (bis zu einem Jahr und mehr, wenn die Schokolade nicht gefüllt ist) liegt bei 17 Grad an einem trockenen Ort in einer festverschlossenen Dose.
- Wenn die Schokolade beim Zerbrechen bröckelt, so ist das ein Zeichen für Alter, wenn sie weich ist, ist sie feucht geworden.
- Eine Tafel hochwertiger Schokolade enthält mindestens 52 % Kakao und 26 % Kakaobutter. Eine Tafel mit wenigstens 35 % Kakaoanteil darf Schokolade genannt werden, während eine Tafel mit 30 % Haushaltsschokolade ist.
- Weiße Schokolade ist falsche Schokolade, weil sie überhaupt keinen Kakao enthält.
- Um eine Tasse heißer Schokolade richtig zu genießen, sollte man unbedingt vorher ein Glas frisches Wasser ohne Kohlensäure zu sich nehmen.

Rezept für Mousse au chocolat

Zutaten:
400 g Schokolade (mind. 52 % Kakao)
6 Eier
3 Esslöffel Wasser
Vorbereitung
Die Schokolade in kleine Stücke brechen.
Eigelb und Eiweiß trennen und getrennt aufbewahren.
Zubereitung (Rezept):
Die Schokolade in einer Casserole bei kleinem Feuer zusammen mit den 3 Esslöffeln Wasser schmelzen, um eine geschmeidige Masse zu erhalten.
Topf vom Feuer nehmen, das Eigelb hinzufügen und verrühren und das Ganze in eine große Schüssel geben.
Das Eiweiß zu festem Schnee schlagen und zur Creme in der Schüssel hinzufügen.
5 Stunden lang im Kühlschrank ruhen lassen.

Dictée

Antibes, le ...
Mesdames, Messieurs,
Nous sommes en possession de votre envoi de 3000 rouleaux de ruban adhésif et de 10.000 cartons. Ils nous sont parvenus hier par chemin de fer.
Malheureusement, cet envoi ne nous donne pas satisfaction. Comme l'emballage était en bon état nous avons accepté la livraison. En déballant, nous avons remarqué que les rubans adhésifs et les cartons étaient très endommagés. Nous ne pouvons pas les vendre et nous vous les retournerons à vos frais.
Nous supposons que le dommage s'est produit pendant le transport. L'emballage était peut-être insuffisant.
Nous espérons que vous éviterez à l'avenir de tels incidents et nous vous prions de nous envoyer avant le ... des rouleaux et des cartons en remplacement. Nous en avons un besoin urgent.
Si nous ne les recevons pas avant cette date, nous devons vous rendre responsables du préjudice subi et vous demander des dommages et intérêts.
En attendant votre prompte livraison, nous vous prions d'agréer ...

MODELLANTWORTEN

Fruitiers du Soleil

Fruitiers du Soleil ont intérêt à écouler rapidement ces produits car la vente de fruits demande toujours des réactions immédiates étant donné le caractère des produits. Il s'agit apparemment d'un premier incident. Ayant bonne conscience quant à la qualité de la marchandise remise au transporteur, le fournisseur rendra responsable son transitaire qui le dédommagera dans ce cas.

EXERCICES DE VOCABULAIRE ET DE GRAMMAIRE

1. Remettez de l'ordre

1. Nous vous signalons que les articles présentaient des défauts de fabrication
2. Vous nous faites savoir par votre lettre que notre livraison était incomplète.
3. Il ne nous a pas été possible de respecter les délais de livraison fixés.
4. Nous sommes surpris d'apprendre que ces marchandises ne vous sont pas encore parvenues.
5. Nous sommes au regret de ne pouvoir donner suite à votre réclamation.

2. Complétez par un verbe conjugué

1. soient parvenus
2. font défaut / soient livrées
3. comprendrez
4. auriez pris
5. portera
6. apporterons
7. avons effectuées
8. avons facturé / n'aviez pas commandé
9. reproduise
10. avons entreprises

3. Trouvez le substantif correspondant

1. la satisfaction; 2. la régularisation; 3. le règlement; 4. l'annulation (f); 5. le remboursement; 6. la facture / la facturation; 7. le dédommagement; 8. l'indemnité (f) / l'indemnisation (f); 9. la perte; 10. la vérification

4. Trouvez le verbe correspondant

1. regretter; 2. proposer; 3. situer; 4. fournir, 5. créer; 6. omettre; 7. justifier; 8. rédiger; 9. accorder; 10. confier

5. Texte à trous

1. vous nous signalez / endommagés.
2. cette faute / imputable.
3. vous avez formulé / auprès du / lors de
4. vous serez dédommagés
5. une réclamation / par lettre recommandée
6. Au cas où / ce délai / malgré tout / admettre / auprès du
7. cet incident / ressentiront

6. Transformez la phrase en employant un participe présent

1. Constatant ... ; 2. Toute réclamation datant ... ; 3. la machine correspondant ... ; 4. Venant de retrouver ... ; 5. des lettres-types permettant ... ; 6. une firme changeant ... ; 7. Ayant nous-mêmes remarqué ... ; 8. L'erreur ayant été commise ... ; 9. Les marchandises étant destinées ... ; 10. Les marchandises retournées ne présentant ...

EXERCICES DE TRADUCTION

(1)

Objet
LT 200 / 32 / B – Votre ordre no. 502
Mesdames, Messieurs,
Nous avons appris avec regret que vos clients ne sont pas satisfaits de nos produits.
Au sujet des bottes en caoutchouc, nous vous prions de nous renvoyer à nos frais toutes les paires que vous avez encore en stock.. Nous avons déjà organisé une livraison de remplacement pour vous. Nous contrôlerons s'il s'agit bien d'un défaut de fabrication. Toutes les bottes que vous recevrez ont été sévèrement contrôlées et sont absolument étanches. Pour le produit « Bricodur », il s'agit de gants de maçon qui protègent jusqu'à une température de 50 degrés Celsius et contre certaines substances chimiques mais pas contre toutes. Veuillez expliquer à vos clients qu'ils doivent absolument lire les instructions d'emploi. Les gants peuvent se fendiller s'ils sont en contact avec certains détergents (voir instructions d'emploi). Veuillez recommander à vos clients qui travaillent avec des produits chimiques d'acheter un autre modèle, par ex. « Bricopeintre ».
Pour faciliter les négociations avec vos clients nous vous avons envoyé quelques exemplaires que vous pourrez distribuer.
Nous espérons que vous arriverez à convaincre vos clients et que la livraison de remplacement arrivera en bon état.
Soyez assurés que nous ferons tout notre possible, à l'avenir, pour vous satisfaire.
Veuillez agréer, M ...

(2)

Objet
Votre ordre no. 90209 – étoffes de cachemire
Mesdames, Messieurs,
Nous avons appris par votre lettre du ... que nos étoffes sont arrivées avec 2 semaines de retard. Malheureusement nous ne pouvions pas livrer avant parce qu'un de nos fournisseur de cachemire a stoppé sa production et que nous avons dû chercher un autre fournisseur livrant la même qualité. Cela n'a pas été simple et nous regrettons de vous avoir créé des difficultés à cause de cela.
Nous n'avons pas d'explication en ce qui concerne les trous dans quelques ballots. Il doit s'agir d'un défaut technique. Nous examinons en ce moment nos machines. Pour nous faciliter la tâche / nos recherches, nous vous prions de vous renvoyer un ballot défectueux. Nous nous chargeons bien sûr des frais de transport. Veuillez nous faire savoir, en outre, les couleurs que nous devons vous livrer en remplacement.
Nous sommes bien sûr intéressés de poursuivre nos relations d'affaires avec vous et vous envoyons pour cela en annexe un avoir de € ..., ce qui correspond au rabais de 45 % que vous avez exigé.
Veuillez excuser cet incident qui s'est produit indépendamment de nous (à notre insu) et soyez assurés qu'un tel incident ne se reproduira pas.
Nous vous prions d'agréer, ...

fortsetzen = poursuivre

2. Mettez l'adjectif verbal ou le participe présent

1. motivante; 2. navigant; 3. sachant; 4. aimant; 5. détenant; 6. ayant; 7. souhaitant; 8. ayant vu; 9. travaillant; 10. débutant; 11. suivante; 12. Exerçant; 13. vacantes; 14. Espérant; 15. motivants / suivant; 16. restant

3. Posez des questions

1. Le stage durera-t-il 3 mois?
2. Votre magasin est-il situé ...?
3. Les postes proposés sont-ils à temps partiel?
4. Le permis de conduire est-il exigé?
5. La formation débute-t-elle le 15 octobre?
6. Des connaissances en comptabilité sont-elles demandées?
7. Vos collaborateurs parlent-ils tous l'anglais?
8. Me faut-il maîtriser parfaitement ...?
9. La période d'essai dure-t-elle 6 mois?
10. La participation aux bénéfices est-elle aussi accordée ...?

4. Texte à trous

1. la recherche d'un emploi
2. vivre / on travaillait / soigner
3. s'inscrire à l'ANPE / une fois / l'ANPE pour diffuser leurs offres d'emploi
4. annonces / débordé(e)
5. le contrat
6. profiter / une langue / un stage / boulots / temps partiel
7. les expériences
8. mois / active
9. une entreprise pour sélectionner
10. recrutement / responsabilité / le poste / au besoin / tenir compte
11. sûr / entretiens / fermes / lettres

5. Que signifient ces abréviations?

1. le baccalauréat; 2. le curriculum vitae; 3. le certificat d'aptitude professionnelle; 4. le brevet de technicien supérieur; 5. une petite ou moyenne entreprise; 6. une petite ou moyenne industrie; 7. un contrat à durée déterminée; 8. un contrat à durée indéterminée; 9. l'agence nationale pour l'emploi

6. Cherchez l'intrus

1. travailler; 2. le bachelier; 3. le bureau; 4. le personnel; 5. les connaissances; 6. les petites annonces

7. Mettez la préposition qui convient

1. à ; 2. par ; 3. sur ; 4. de ; 5. aux , 6. de ; 7. en ; 8. à / de ; 9. en ; 10. en

8. Texte à trous

1. une annonce / réponses;
2. La concurrence
3. La majorité / quotidiens / jours
4. Les hebdomadaires / source
5. en province / régionale / semaine
6. officiels / régulièrement
7. rubriques
8. apprendre / messages

9. Trouvez les mots

1. le CV ; 2. les congés payés; 3. la main d'oeuvre ; 4. l'apprentissage (m) ; 5. le chomâge

Kapitel 9 – VERSION

Stellen für junge Leute

Sie sind 1997 geschaffen worden.
Sie sind möglich (verfügbar) bei einem der drei öffentlichen Arbeitgeber (bei drei Öffentlichen Ämtern) (Staat, Krankenhäuser und Verbände) sowie bei den öffentlichen Körperschaften und den großen Unternehmen (EDF-GDF, RATP, SNCF, Post) und Vereinigungen. Die staatliche Unterstützung entspricht 80 % des SMIC (d. h. € 15.600,– pro Jahr). Im Erziehungswesen und bei der Polizei werden alle Jugendlichen gemäß SMIC bezahlt.
Seit 1997, sind 138.250 Stellen geschaffen worden. Die Regierung hat versprochen, 350.000 Stellungen bis Sommer 2000 zu schaffen.
Zur Zeit beträgt der Einstellungsrhythmus 1500 pro Woche.
Es gibt genauso viele Frauen wie Männer. Die jungen Leute, die eingestellt werden, sind generell jünger als 25 Jahre alt.
Ihr Ausbildungsniveau ist unterschiedlich. Zwei Drittel haben ein dem Abitur entsprechendes Niveau.
Unter ihnen waren 78 % auf Stellungssuche und 85 % waren beim Arbeitsamt eingeschrieben.
Die »Stellen für junge Leute« sind vorgesehen für die Dauer von 5 Jahren.

Zeitarbeit, eine zeitweilige Arbeit, die manchmal endgültig wird

Mehr als 8 Millionen Zeitarbeitsverträge sind 1997 abgeschlossen worden und die Branchenprofis rechnen damit, die Schallgrenze von 10 Millionen[1] zu überschreiten. Die durchschnittliche Vertragsdauer beträgt 2 Wochen. Viele Leute schätzen diesen Status, um so mehr als er oft als Sprungbrett für einen Vertrag mit unbegrenzter Dauer dient (CDI). Den jungen Leuten erlaubt die Zeitarbeit oft, ihre ersten Berufserfahrungen zu machen. Dennoch ist es bei der Zeitarbeit günstig, anerkannte Qualifikationen zu besitzen. Ohne sie wird man Ihnen hauptsächlich Wartungs / Überwachungsaufgaben anvertrauen. Ob das bei der Informatik, der Verwaltung oder sogar beim Bau ist: Diejenigen, die eine echte technische Spezialisierung aufweisen, werden also willkommen sein. In der Tat, wenn ein Unternehmen eine Agentur anruft, dann, um sich einen Kandidaten schicken zu lassen, der das erforderliche Profil hat. Heutzutage halten die großen Unternehmen, die überall auf dem Land angesiedelt sind, zwei Drittel des Marktes.

Es reicht schließlich nicht, sich mit seinem Lebenslauf bei einer Agentur vorzustellen. Man sollte regelmäßig vorbeikommen, um zu zeigen, dass man verfügbar ist. Jeder Arbeitslose, der Arbeitslosengeld erhält, kann sehr wohl Zeitarbeit aufnehmen, vorausgesetzt, er informiert die ASSEDIC[2]. Während seiner Mission werden die Zahlungen ausgesetzt, danach gelten seine Rechte wieder.

Der Rückgriff auf Zeitarbeit, um Streikende zu ersetzen, ist verboten.

Der Vertrag, der das Unternehmen an das Zeitarbeitsunternehmen bindet, muss eine Rechtfertigung für den Rückgriff auf Zeitarbeiter enthalten, die Anzahl der angeforderten Arbeiter (Qualifikation, Arbeitszeit, Charakteristika des Arbeitsplatzes), die Vergütungsmodalitäten und die Beendigung der Mission.

1) Zahlen des Arbeitsministeriums
2) Gesellschaft für Arbeitsplätze in Industrie und Handel

Wie beginnen?

Obwohl die Handelsunternehmen händeringend (verstärkt, massiv) nach Verkäufern suchen, sind sie nicht bereit, Anfänger einzustellen. Einen Verkäufer einzustellen, der nicht für den Verkauf geschaffen ist, ist zu teuer. Sie gehen lieber auf Nummer sicher und suchen nur die Kandidaten aus, die schon Erfahrung im Verkauf haben.

Bei Kraft Jacobs Suchard (amerikanischer Kaffee-, Schokoladen- und Süßigkeitengigant) müssen alle Kandidaten ein Verkaufspraktikum auf dem Großmarktsektor absolviert haben.. Das gleiche gilt für die Gruppe André und bei UAP, wo erste Erfahrungen im Verkauf unerlässlich sind. Bei Pernod-Ricard gibt man an, dass die geringe Größe des Unternehmens es nicht erlaubt, blutige Anfänger einzustellen.

In Ihrer Bewerbung müssen die jungen Verkäufer zeigen, dass Sie Energie, Geschmack und ausreichend Selbständigkeit haben, um ihren Beruf auszuüben.

Die Diplome reichen nicht, um den Mangel an Erfahrung auszugleichen, es sei denn, sie beinhalten ein Langzeitpraktikum. Bei André läuft man den Inhabern von Diplomen nicht nach, selbst wie die »lang sind wie ein Arm«. Um ein guter Verkäufer zu sein, muss man vor allem arbeitsam und ernsthaft sein und eine kleine Mannschaft führen können.

Doch außer den Diplomen und der Berufserfahrung legen diejenigen, die die Einstellungen vornehmen, Wert auf die persönlichen Qualitäten der Kandidaten. Daher ist es wichtig, in seinem Lebenslauf persönliche Qualitäten anzugeben (Initiative, Eigenständigkeit bei sportlichen Aktivitäten z. B.).

Bei den ersten Einstellungsgesprächen werden die Kandidaten in Gruppen getestet (Rollenspiele). Die folgenden Etappen beinhalten Einzelgespräche oder Persönlichkeitstests. Letztere können von 10 Minuten bis zu 1 Stunde dauern (Fragebögen, Kommentare zu Situationen, Vervollständigen logischer Reihen, Erfinden von Geschichten).

Die entscheidende Unterhaltung ist die, die der Kandidat mit dem Abteilungsleiter führt, da seine Erfahrung dem ganzen Einstellungsprozess am meisten Gewicht hat.

Die Unternehmen schätzen besonders die Ergänzungswahl bei der Einstellung. Achtzig Prozent unserer (UAP) Einstellungen erfolgen per Kooption. Der Inspektor befragt die Mitglieder seiner Gruppe, ob sie jemanden kennen, der für den Posten geeignet wäre. Das ist die Form, die eine gute Eingliederung in die Gruppe garantiert und die auf einer Art moralischem Engagement des Neuankömmlings gegenüber demjenigen, der ihn empfohlen hat, basiert.

Nach einem in »Die Berufe im Verkauf« erschienenen Text.